JN101708

図解

建築と構造の接点

トラブル予防のツボ100

日本建築協会　企画　　仲本尚志・馬渡勝昭・長瀬正　著

学芸出版社

はじめに

　建築の歴史は人類の起源にまでさかのぼる。人類が地球上に誕生して、石器を使い狩猟生活を始めたころは、外敵や風雨から身を守るために洞穴で生活を始めた。やがて農耕生活を行うようになり、定住して住居で生活をするようになる。そして、高度な技と道具を手に入れることにより、大規模な建築構造物をつくることが出来るようになった。それまでは、建築設計や構造設計といった職能には分かれておらず、一人の棟梁の采配で建物がつくられた。現在は新素材の開発や建築技術も多様化して、構造職能も高度化・専門化し、建築と構造の接点領域もより複雑になってきた。構造設計は建築構造物の安全に強く関わるために、基本的にトラブルはあってはならない。しかし現実には、大きな地震が来るたびに、倒壊したり、半壊したりする建物を目の当たりにする。また、致命的ではないが、床の振動やクリープ現象にまつわる小さなトラブルも多発している。わずかなひび割れでも雨漏りや躯体の劣化につながる。建築と構造は車の両輪のようなもので、建物をつくるプロセスで協業することにより「デザインと技術の融合」を誘発させて社会ストックとしての最良の建築をつくることができる。

　本書をまとめるにあたり、なぜ接点でトラブルが起きるのかを考える中で、大事なことが二つあることを改めて認識した。一つは「接点での協業の重要性」である。建築設計者の構造に対する理解不足や、逆に構造設計者が設計者の想いを理解していなかったりした場合などの両者のコミュニケーションの不足が大きな原因と考える。

　二つ目は、「デザインと技術の融合」である。建築技術が多様化し、建築と構造の職能もより高度化、専門化している。「デザインと技術の融合」を誘発させるためには、必要最小限の協業から、質の高い創造的な協業のレベルへと高めることが必要で、建築と構造の枠組を超えた取組が必要である。トラブルに視座を固定すれば、設計段階から施工、そして維持管理までの建物のライフサイクルのすべてのプロセスで建築と構造の相互理解のもとで「ものづくり」を進めることがトラブル予防につながると考える。

本書は第1部では、建築と構造の接点とは何か、接点でどんな協業をするのか。建築をつくるプロセスにおける接点での協業のあり方と協業の重要性について整理した。第2部では、建築と構造がその接点において協業できなかったり、協業が不十分であった場合に発生するトラブルについて、具体的な事例を示し、その要因と対策などを「トラブル予防のツボ」として整理した。

　品質トラブルのない建築を目指して『建築品質トラブル予防のツボ』（2013年・学芸出版社）を発行し、第2篇として建築と設備との取合い部分に焦点を当てて『建築と設備の接点　トラブル予防のツボ』（2018年・学芸出版社）を発行した。本書はそれに続く「トラブル予防のツボ」シリーズの第3篇として、建築と構造の接点に焦点をあてて『建築と構造の接点　トラブル予防のツボ』とした。この「トラブル予防のツボ」シリーズの3篇は、単なるトラブル予防だけではなく「建築のものづくり」の心を示すもので、建築に関わる若手技術者の「ものづくり」の原点に立ち返るきっかけになれば幸いである。

目次

第2部
トラブル予防のツボ100

その他構造

耐震・免震

第**1**部

建築と構造の接点

1
建築と構造の接点

　建築とは建築主のニーズを受けて、建築と構造、設備の設計者が連携、協業して建築主の想いを形にする行為である。第1部では、建築と構造の接点に焦点を当てて解説する。建築にとって構造とは、技術（工学）によって建物のかたちを作り出す、根幹を成すべきもので、構造が成立して初めて建築となる。建築と構造は車の両輪のようなもので、この両者の融合があって初めて高品質でサスティナブルな建築が可能となる。

1. 建築と構造の接点とは

　建築設計者は建築作品を創る時、意匠性や機能性等あらゆる構成要素を整理して、これから創ろうとする建築空間を構想する。構造設計者は、建物に働く力の流れを解析し、素材を組み合わせて安全で合理的な建築の骨組みを構築する。構造設計は根拠に基づき計算されるために、基本的にはトラブルはあってはならない。しかし、致命的ではないが床や梁の振動やクリープ現象にまつわる小さなトラブルは発生している。建築設計者は構造を理解し、構造設計者との連携、協業を密にすれば、それらにまつわるトラブルを未然に防止することが可能である。接点とは建築と構造の設計者が連携し「デザインと技術の融合」を誘発させるために、協業しなければならないポイントをいう。

2. 想いを共有することがものづくりのスタート

　建築と構造の設計者が建築に対する想いをぶつけあい連携や協業をすることにより、「デザインと技術の融合」を誘発させることが出来る。外気が通り抜けるエコロジカルな建築にしたい。梁のないスッキリとした空間にしたい。構造骨組みを表現したファサードにしたい。制振・免震装置を組み込み地震に安全で安心できる建築にしたい。複雑な曲面形状の建物を実現したい等々、両者の建築に対する想いをぶつけあい、共有することが、高品質でサスティナブルな建築をつくるスタートとなる。

3. 社会に寄与する高品質でサスティナブルな建築を目指して

　建築主の多様なニーズを満足させ、より質の高い建築を目指すには、既成概念にとらわれることなく、建築への想いを共有して取り組むことである。建築と構造の設計者が、建築に対する想いに対して、お互いに遠慮をしたり、連携と協業が必要最小限にしかできなかった場合は、単なるトラブルの無い建築に終わってしまう。より質の高い連携と協業こそが重要である。そうすることにより、社会に寄与する高品質でサスティナブルな建築へ昇華させることができる。それには建築主と建築と構造の設計者の3者の信頼関係が醸成されていることが前提である。

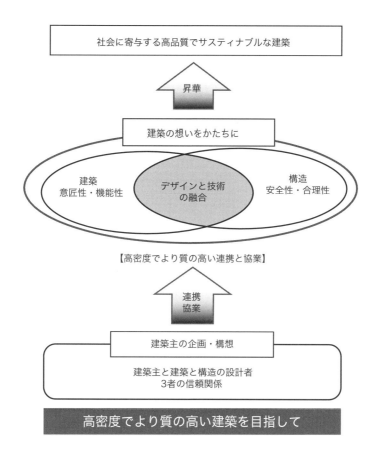

4. デザインと技術の融合事例

　建築と構造の設計者が、デザインと技術を融合させることにより、周辺環境に調和させた高品質で快適な文化施設を実現させた事例を紹介する。

┌──┐

建築と構造設計者の想いを一つに

建築設計者の想い

・風致地区に立地する文化施設を風光明媚な周辺環境に調和させるために、緩やかな勾配の寄棟瓦葺の大屋根でシンプルに構成したい。

・建物高さ 10m 以下という制限の中で、1 階展示ホール、2 階大広間の天井高さ 3m 以上を確保し、開放的で快適な展示ホールを実現したい。

構造設計者の想い

・スパンが 20m を超える展示ホールを、梁なしでスッキリとした開放的な大空間にしたい。

・展示ホールの視認性を高めるため、柱はできるだけ細くし、耐震性を確保するための耐震壁は最小限にしたい。

デザインと技術の融合

・屋根スラブは寄棟形状を生かした折版構造として梁形をなくし、頂部にトップライトを設け、自然光を取り入れて快適な展示ホールを実現した。

・耐震壁は鋼板耐震壁とし、柱は軸力だけを負担する鉄骨無垢柱（直径 15cm）として展示ホールの視認性を高めた。

┌──────────────────────────────────────┐
│　周辺環境に調和した開放的な文化施設が実現　│
└──────────────────────────────────────┘

└──┘

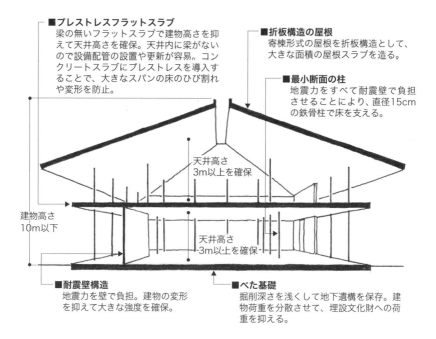

■プレストレスフラットスラブ
梁の無いフラットスラブで建物高さを抑えて天井高さを確保。天井内に梁がないので設備配管の設置や更新が容易。コンクリートスラブにプレストレスを導入することで、大きなスパンの床のひび割れや変形を防止。

■折板構造の屋根
寄棟形式の屋根を折板構造として、大きな面積の屋根スラブを造る。

■最小断面の柱
地震力をすべて耐震壁で負担させることにより、直径15cmの鉄骨柱で床を支える。

天井高さ
3m以上を確保

建物高さ
10m以下

天井高さ
3m以上を確保

■耐震壁構造
地震力を壁で負担。建物の変形を抑えて大きな強度を確保。

■べた基礎
掘削深さを浅くして地下遺構を保存。建物荷重を分散させて、埋設文化財への荷重を抑える。

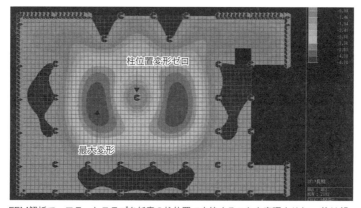

柱位置変形ゼロ

最大変形

FEM解析で、フラットスラブを任意の柱位置で支持することを実現させた。柱は部材あるいは支点として考慮し、スラブを細かくメッシュに切って、いろいろな荷重に対する変形や生じている力を計算した。プレストレスを導入してたわみを抑えることも可能で、図は長期荷重時のたわみの大きさを色分けで表示している。

2
建物のライフサイクルでの接点

　建築主の事業構想・計画に基づいて、建築と構造、設備の設計者が連携、協業して建物の設計基本方針をまとめ、建築主との合意が得られれば、設計図書の作成に着手する。建物が完成し引き渡された後は、建物を長く上手に活用するために維持保全が行われる。築後十数年を経て、多くの建物が物理的な経年劣化に対する保全改修や建物の要求性能が社会の要求についていけなくなる社会的劣化にともなう設備更新や増改築・用途変更等の機能更新が行われる。建物が存続する限り建物のライフサイクルは繰り返される。ライフサイクルにおいて建築と構造の設計者の連携・協業のポイントを接点として整理した。

　建物のライフサイクルの各段階を、企画・計画段階、設計段階、施工段階、維持保全段階の4つの段階に大別し、それぞれの段階で押さえておかなければならない、建築と構造との連携、協業のポイントを接点として整理した（右表）。これらの各接点において建築と構造の設計者が高密度でより質の高い連携と協業をすることにより、建築主の想いを最善の形で実現させることが求められている。

建物のライフサイクル			
企画・計画段階	設計段階	施工段階	維持保全段階
設計基本方針	設計図書の作成	工事中の設計変更対応	耐震性能の維持と更新
・建築主要望事項の確認 ・耐震グレードの確認 ・企画案の合意形成	・建物の安全性の確保 ・構工法の検討 ・非構造部材の安全性の確認	・計画変更申請の対応	【日常点検】 ・機能の維持　【定期調査】 ・劣化診断 【性能更新】 ・耐震改修　【性能維持】 ・耐震補強

接点での連携・協業のポイント

建物のライフサイクル	協業のポイント
企画・計画段階 【設計基本方針の決定】	**接点１：建築主要望事項の確認** ・建物の用途、規模等の確認 ・維持管理や将来計画の確認　・耐震グレードの確認
	接点２：計画地盤の確認 ・現地踏査して敷地の安全性を確認　・敷地実測 ・地盤調査と地盤リスクの確認
	接点３：企画案の合意形成 ・建築主の想いを共有して信頼関係を築く ・設計基本方針書の説明
設計段階 【設計図書の作成】	**接点４：地盤に安全に支持させる** ・地盤リスクに対応した基礎形式の検討 ・液状化対策　・地盤沈下対策
	接点５：建物の安全性の確保 ・耐震性能の確認・耐風性能の確認・積雪対応 ・防耐火性能の確認
	接点６：構工法の検討 ・施工性と構造安全性の確保
	接点７：非構造部材の安全性の確保 ・建物屋内外の非構造部材の安全性 ・昇降機の地震対策
	接点８：設計図書の作成 ・設計与条件の確定・協業による設計のつくり込み
施工段階 【工事中の設計変更対応】	**接点９：計画変更申請の対応** ・あらかじめの検討
維持保全段階 【耐震性能の維持と更新】	**接点10：耐震性能の維持** ・日常点検と定期調査　・制振・免震装置の点検 ・構造ヘルスモニタリング
	接点11：耐震性能の更新 ・耐震診断と耐震改修

3
企画・計画段階での接点
【設計基本方針の決定】

　企画・計画段階では敷地の立地条件を整理し、建物用途・規模、並びに、耐震性能等の建築主の要求品質を明確にして、設計の基本方針を決定する。この段階はプロジェクトの成否を左右する最も重要な段階で、建築と構造の設計者は建物の完成に向けてベクトルを合わせてプロジェクトを推進することが求められる。

企画・計画段階での接点はここ！

接点 1　　建築主要望事項の確認
接点 2　　計画地盤の確認
接点 3　　企画案の合意形成

接点 1　建築主要望事項の確認

　建築主の要望事項は、建築主の特性や建物の用途、規模、維持管理の方法等により異なる。企画・計画段階の初期では、安全性や利便性、意匠的な要求性能は明確になっていない場合が多いので、潜在的な要望をいかに引き出すかが鍵となる。「建築主要望事項チェックリスト」を活用し、建築主の要望を確認していかなければならない。そのためには建築と構造の設計者は、建築主の要望に真摯に向き合い、連携してプロジェクトを推進することが重要である。

建築主要望事項の確認のポイントはここ！

1. 建物の用途・規模等の確認
2. 維持管理や将来計画の確認
3. 耐震グレードの確認

1.　建物の用途・規模等の確認

　建物の空間を規定する柱スパン、階高、積載荷重は建物の用途や規模によって異なる。同じ用途の建物であっても事業構想や企画等、建築主の特性により異なってくる。事務所ビルの場合、自社ビルか、貸事務所（テナントビル）かによって、フロアの使い方が決まってくる。物流施設（倉庫）の場合は、特定の荷主（事業主）を対象にする場合と不特定の荷主を対象にする場合によって、搬送トラックの種別や倉庫内のフォークリフトの走行の有無、パレットの収納方法、冷凍冷蔵倉庫等々が異なる。医療施設の場合は、総合病院かクリニックかによって、診療科目や計画病床数は変わる。計画建物の用途ごとに、「建築主要望チェックリスト」を作成して、建築主の要望事項を詳細に聞き出すことが重要である。

2.　維持管理や将来計画の確認

　増床計画や用途変更等の将来計画の有無について確認しておくことは、設計与条件としては重要なファクターである。別棟の増築の場合は問題ないが、横増築や上階への増床をする場合は、構造計画に大きく影響する。また制振装置や免震装置を設置した建物の場合は、企画計画段階で維持管理の基本方針を決め、点検等メンテナンススペースを確保した平面計画をし、維持保全体制や維持管理費等を予算化しておかないと維持管理に支障をきたす。

3.　耐震グレードの確認

　地震の大きさと建物の耐震性によって地震後の建物の受ける被害状況は異なる。計画段階の初期では、建物機能の維持や事業継続性といった基本方針は決まっているが、詳細については明確になっていない場合が多い。建築主の要望をいかに聞き出すかが鍵となる。

耐震グレードの確認のポイントはここ！

　3.1　耐震性能の確保は構造設計者が担っている
　3.2　耐震性能メニューの活用

3.1　耐震性の確保は構造設計者が担っている

　日本は海のプレートと陸のプレートがぶつかり合う位置にある世界有数の地震多発国である。1995 年の阪神淡路大震災の被害から、建築基準法の規定に従った耐震設計では十分ではなく、分譲マンションなどでは財産としての価値の保全が、また庁舎や病院などは、震災時には防災拠点や救護拠点としての機能の維持が求められるようになった。建物の耐震性能が異なれば、同じ地震であっても地震後の建物の被災状況は異なる。企画・計画段階では、建築主との対話を通して建物が備えるべき耐震性能のグレードを確認し、建築主との合意を得ることが重要である。建築主からの「地震で壊れないようにしてください」との要望に対して、想定される地震に対して、建物が受ける被害の程度をわかりやすく説明し、より安心できる耐震性能レベルを設定できるように、対話を十分に重ねる必要がある。

　最近の構造工学では、超高強度材料や制振・免震などの新しい構造等、新技術の開発が進み、起こり得る地震についても、想定できる範囲で高度な技術で安全性が高められている。しかしながら建築主にとって、地震の大きさや被害の想定、耐震グレード等は専門的すぎて説明されても理解は難しく、誰にでも理解できる具体的な共通指標をもった耐震性能メニューが必要である。建物が備えるべき耐震性能のグレードの想定を誤ると「想定外」の結果を招きかねない。想定することがプロの仕事であれば、想定外という言葉はプロにはあり得ない。一通りの説明で、耐震性能のグレード設定を建築主に任せるのは、プロとしての仕事を果たしたことにはならない。建築と構造の設計者は建築主の求める耐震性能に対して、耐震性能メニューを用いてコストと性能を合わせて説明し、耐震性能のグレードを設定することが重要である。建物の安全確保は建築主の社会的責任でもあるので、建築と構造の設計者は建築主に代わり、より安全性の高い安心できる建物を実現させるように努力しなければならない。

3.2　耐震性能メニューの活用

　建築主が求める耐震性能のグレードを設定するには、地震後に許容される建物の状態を具体的に耐震性能メニューとして提示し、耐震性能のグレードを設定することが重要である。建築主が耐震性能を理解しやすいよ

うに、耐震、制振、免震等の構造種別ごとに、地震の大きさ（想定震度）と地震後に許容される建物の状態を、耐震性能メニューとして耐震性能グレード表を整理した。建築と構造の設計者はこの耐震性能グレード表を用いて建築主のニーズを聞き出し、構造設計者はそれに基づき建物の耐震性能を検証し、地震に対する想定される建物の被害や機能維持の程度を建築主に提示する。地震の揺れの強さや地震後の建物が受ける被害の程度を、専門用語を使わず理解してもらい、建築主と建築及び構造の設計者が共通の指標で共有することが大事である

耐震グレード表

地震の大きさ／想定震度 構造種別／耐震性能グレード		稀に発生する地震動 震度5弱程度	かなり稀に発生する地震動 震度5強程度	極めて稀に発生する地震動 震度6弱〜6強程度	建築基準法の想定を超える地震 震度6強〜7程度
免震構造	特級	被害なし 機能維持	被害なし 機能維持	軽微な被害 主要機能は確保	軽微な被害 主要機能は確保
	上級	被害なし 機能維持	被害なし 機能維持	軽微な被害 主要機能は確保	小破 最低限の機能確保
耐震構造 制振構造	特級	被害なし 機能維持	被害なし 機能維持	軽微な被害 主要機能は確保	小破 最低限の機能確保
	上級	被害なし 機能維持	軽微な被害 主要機能は確保	小破 最低限の機能確保	中破から大破 限定的な機能確保
	基準法 レベル	被害なし 機能維持	―	中破から大破 限定的な機能確保	―

注）軽微な被害：仕上げ材等は若干の損傷を受けるが、躯体の補修は不要。
　　小破　　　：躯体、仕上げ材等は補修を要するが、緊急性はない。
　　中破　　　：余震により大破に至る危険性がある。耐力が低下するため早急に補修を要する。
　　大破　　　：余震により倒壊する危険性は非常に高い。建物の機能は損失し、修復は困難。

　建築計画の基本となる敷地に関する情報を的確に把握することが重要である。まず建築と構造の設計者は現地踏査して敷地の安全性を確認することから始める。それによって設備インフラの状況や計画敷地とその周辺の関係や環境も確認できる。そして敷地実測と地盤調査の結果を基に、地表からどの程度の深さに、どのような層が分布しているかを確認し、地下水位や支持地盤及び地盤に存在するリスクを明らかにする。これらの情報は建築計画において基本的な条件となるため、建築と構造の設計者は共有して連携、協業に活かさなければならない。

計画地盤の確認のポイントはここ！

1．現地踏査して敷地の安全性を確認

　　①切土、盛土の境界

　　②擁壁と計画建物との位置関係

　　③斜面地や河川、海の護岸に隣接する地域での

　　　側方流動の可能性

2．敷地実測

　　①地区地域等法規制の確認

　　②前面道路の接道条件

　　③設備のインフラの位置確認

3．地盤調査で地盤のリスクを確認

　　①地盤の種類とその分布状況

　　②地下水位の確認

　　③支持地盤の確認

　　④活断層の有無を確認

　　⑤地盤性状とリスクの確認

---

1. 現地踏査して敷地の安全性を確認する

　敷地実測や地盤調査に先行して、必ず現地を踏査して、敷地の安全性について確認をする。計画敷地内の切土や盛土の有無を確認し、敷地が傾斜地の場合は、斜面の崩壊の危険性の有無を判定する。河川や海域に隣接する地域では、計画建物との位置関係を確認し、地震による液状化に伴う護岸の側方流動の可能性についても判定する。現地踏査の結果を基に、地盤調査計画書を作成し、地盤調査を行う。

2. 敷地実測

　敷地実測図は建築主が予め準備するのが一般的であるが、計画敷地の面積、敷地境界や前面道路の接道条件の他、設備のインフラの引き込み位置等の現状を正しく把握することが重要である。敷地実測図は建築計画の基本となるもので、現地と実測図に相違があれば建築計画に大きく影響を及ぼし致命的となる。建築と構造の設計者は計画に着手する前に必ず計画敷地と敷地実測図とに相違がないことを確認する。

3. 地盤調査で地盤のリスクを確認する

　地盤調査で最も大事なことは、計画敷地の持つ性状とそのリスクをはっきりさせることである。リスクがわかればその対策が検討できる。

①地盤の種類とその分布状況を確認する

　地表からどの程度の深さにどのような層が平面的な広がりをもって分布しているか確認する。地盤は、土と岩からできており、土は粘性土、砂質土、ローム層、泥炭層などに、岩は花崗岩、泥岩、砂岩などに分類される。粘性土が分布する場合は、乱れが少ない資料の採取と室内土質試験で、粘性土のせん断強さ（一軸圧縮強さ）や鉛直地盤バネ（変形係数）等、圧密沈下に関する諸定数を得る。軟弱地盤の上に盛土をしている場合は、圧密沈下が終了していることを実測値等で確認をする。液状化の危険性は、N値や土粒子の配合割合を調べることで、簡易的に判定できる。

②地下水位の確認をする

　地盤のほとんどの部分には、地下水が存在し、ある深さから下方の土粒子の間隙は水で満たされている。地下水で満たされた部分の最上位面を地下水面という。

③支持地盤の確認をする

　建築物の安全性を確保するために、基礎を良質な支持地盤の上に置くことが建築基準法で義務付けられている。標準貫入試験で地盤の相対的な硬さを示す N 値を求めるとともに、採取した土質試料による地層を観察する。明確な定義はないが、支持地盤の N 値の目安として、粘性土で 20 以上、砂質土で 30 以上とされている。

④活断層の有無を確認する

　活断層の有無は、「日本全国の活断層マップ」（注 1）を見れば、敷地近傍の活断層の有無を確認することが出来る。また、震度 6 弱以上の地震が 30 年以内に起きる確率を示した「全国地震動予測地図」（注 2）は、活断層ごとに将来起きる地震の強い揺れを予測することができ、地震のリスクが一目でわかる。

（注 1）日本全国の活断層マップ（産業技術総合研究所）
　　　　www. imart. co. jp/katu-dansou-japan. html
（注 2）全国地震動予測地図（JSHIS：国立研究開発法人防災科学技術研究所）
　　　　https://www. jishin. go. jp/evaluation/seismic_hazard_map

　以上の調査結果を十分に把握して、建築計画に反映させるためには、経験豊富で高度な知識を持った構造設計者の総合的な判断が求められる。

接点 3 　企画案の合意形成

　建築、構造、設備の設計者が、接点 1 で確認をした建築主の要望事項を基に連携、協業して作成した企画案（基本方針書）に対する建築主との合意形成は、プロジェクトにとって最も重要なフェーズである。建築主の事業構想や企画の内容は建築主から提示されるが、建築の形に落とし込むには不確定な要素も多い。建築、構造、設備の設計者は、建築主の事業構想や企画内容を十分に把握し、建築主の想いを共有して、企画案をまとめ上げなければならない。企画案について建築主との合意形成ができなければ次の段階へ進めない。

1. 建築主の想いを共有して信頼関係を築く
2. 設計基本方針書の説明

1. 建築主の想いを共有して信頼関係を築く

　建築主から建物に対する要求機能等の設計与条件を仕様書として提示される場合もあるが、そうでない場合は建築主から将来計画を含めていかに聞き出すかが建築、構造、設備の設計者の重要な責務である。これから創る建物のイメージを模型やCG動画等でヴィジュアルに提示し、建築主の想いを建築、構造、設備の設計者が共有して企画案を立案する。意匠性、機能性、耐震性、工事費や工期を含め、建築、構造、設備の設計者はそれぞれの想いをぶつけ合い、設計基本方針書を作成し、建築主の合意を得る。建築主の想いや事業コンセプトを実現させるためには、建築主と設計者との信頼関係が醸成されて、初めてプロジェクトを進めることができる。

2. 設計基本方針書の説明

　企画案について建築主との合意形成がなされると、設計に着手する前に、設計基本方針書を作成し書面として手渡す。プロジェクトをトラブルなく進めるためには、言葉による説明だけではなく、企画提案の内容を書面にて示し、合意を得ることが重要である。建築士法では、トラブル防止の意味で設計者が設計業務を受託しようとする場合は、建築主に受託業務の内容及びその履行に関する事項について書面を手渡し、重要事項を説明しなければならない。その時に、設計基本方針書も併せて説明することを推奨する。

4
設計段階での接点
【設計図書の作成】

　設計段階では、企画・計画段階で建築主と合意した企画案を基に、設計与条件を確定し、計画敷地の立地条件や関連法規等を整理して、建築、構造、設備の整合性を持たせた設計図書を完成させる。建築、構造、設備の設計者が、設計段階で連携・協業しなければならないポイントは数多くあるが、ここでは地盤、建物の安全性の確保、構工法、非構造部材の安全性の確保、設計図書の作成に関する5つの接点について述べる。

設計段階での接点はここ！

接点 4	地盤に安全に支持させる
接点 5	建物の安全性の確保
接点 6	構工法の検討
接点 7	非構造部材の安全性の確保
接点 8	設計図書の作成

接点 4　地盤に安全に支持させる

　建物の規模や構造形式と計画地盤の性状が相互に作用して、地震による液状化や地盤沈下、浮き上がり等を引き起こす。地盤調査の結果を基に、支持地盤の深さや地盤の持つリスクなどを正しく認識し、建築と構造の設計者は総合的に判断して、建物を地盤に支持させるための最適な基礎形式を決定する。

地盤に安全に支持させるポイントはここ！

1. 地盤のリスクに対応した基礎形式の検討
2. 液状化対策
3. 地盤沈下対策

1. 地盤のリスクに対応した基礎形式の検討

　建物を地盤に支持させる基礎形式には、直接基礎、杭基礎、フローティング基礎がある。地盤のリスクに対応した基礎形式を検討する。

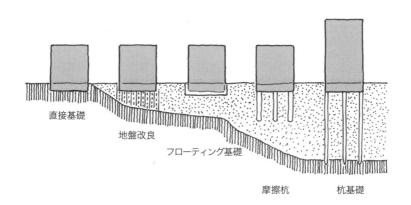

1.1　直接基礎

　直接基礎にはベタ基礎、独立基礎、布基礎がある。直接基礎は支持地盤が浅い場合に採用される。敷地内の地層の傾きによって支持地盤の深さが変化したり、基礎によって根切り底の深さが異なる場合には、所定の深さになるようにラップルコンクリート（玉石コンクリート）や無筋コンクリートなどで調整をする。

1.2　杭基礎

　杭基礎には既製コンクリート杭、鋼杭、場所打ちコンクリート杭がある。支持地盤が地表から深い場合や盛土など軟弱地盤で直接基礎とすることが困難な場合に杭地業を採用するのが一般的である。既成コンクリート杭の打込み杭工法は、騒音規制法、振動規制法により厳しく規制されているため、市街地では打込み杭工法ほとんど採用されない。設計図書に杭の種類、径、長さ、杭先端形状、継手方法、所要耐力、杭の間隔、基礎のへりあき等を明記する。構造設計者は杭施工報告書を確認するだけではなく、少なくとも試験杭（本杭の最初の1本）の施工に立ち会い、杭が支持層に到達したことを確認をすることが大事である。

1.3 フローティング基礎（浮き基礎）

　フローティング基礎とは、建物重量と同量の土を取り除いて建設前後で地盤の応力度を増加させないことで、建物の沈下を防止する基礎工法である。直接基礎の一種で、船が浮力を得て水に浮かぶのと同様の原理である。掘削底の地盤は一旦、膨れ上がり（リバウンド）を起こしてから、建物重量によって沈下するので、その影響を検討する必要がある。埋立地のように支持地盤まで数十メートルもある場合には、杭基礎よりも建物にある程度の沈下が生じても、それが許容範囲内であれば、総合的な観点からフローティング基礎の方が合理的である。

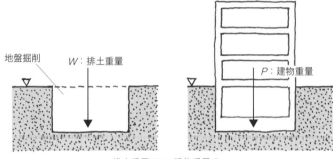

地盤掘削　　　W：排土重量　　　　　　　　　P：建物重量

排土重量$W \geqq$ 建物重量P

2. 液状化対策

　液状化とは、地下水位より下にある砂層が地震で強く揺さぶられて、砂の粒子がバラバラとなり地下水の中に浮いた状態になることである。液状化が起きると建物を支持する地盤の耐力がなくなり、建物が傾いたり、設備の地下埋設配管やマンホール等が浮き上がる。液状化は、埋め立て地や河川沿い、河口付近で、地下水の水位が浅いほど起こりやすい。液状化を起こす土層は、地表面から20mまでの地下水位よりも深い沖積層で、粘土成分の少ない（細粒度含有率が35％）砂層である。木造住宅のような軽量な構造物では、地表から5mの深さまで検討しておけば十分で、地下水位が5mより深い場合は検討をしなくてもよい。計画敷地が液状化する恐れがあるかどうかを調べるには、自治体が作成した液状化のハザードマップ（災害予測地図）を確認すればわかる。また、古地図を見れば、そこが埋め立て地であったかどうかなど、土地の歴史を知ることもできる。

液状化対策のポイントはここ！
2.1　液状化の判定 2.2　液状化防止の工法

2.1　液状化の判定

　液状化の判定は、小規模建物を対象にした簡易判定グラフを用いる方法や地盤せん断力を計算して液状化指標 F_L 値、P_L 値や地盤変形 Dcy を求める詳細な方法がある。液状化判定は地盤調査の一環として地盤調査会社が検討を行うことが多いが、少なくとも構造計算の前提条件となる液状化の判定については、構造設計者は確認をしておくべきである。

2.2　液状化防止の工法

　液状化を防止する工法として、地盤改良をして土を締め固めたり、土に働く力を低減させて液状化を起こさない等の工法がある。

液状化防止策	工法	方法
地盤改良をして土を締め固める	・締め固め工法 ・サンドコンパクションパイル工法	土の密度を増大させる
	・深層・浅層混合処理工法 ・薬液注入工法	土を固める
	・置換工法	土を入れ替える
土に働く力を低減させて、液状化を起こさせない	・ディープウェル工法 ・排水溝工法	地下水位を下げる
	・ドレーン工法	間隙水圧をなくす
	・格子状地盤改良工法 ・連続地中壁工法	土の変形を抑制する

3. 地盤沈下対策

　地盤沈下の原因は、粘土層の圧密沈下と地下水位の低下の二つである。粘土層は水を含んだスポンジのように、押さえると隙間の水が押し出されて圧縮される。これを圧密沈下という。地盤の盛り土や、建物が重石となって粘土層の水を絞り出して地盤を沈下させる。また地下水の汲み上げによる地下水位の低下があると土中の水が少なくなり浮力分だけ重くなって重石となり、その下の粘土層の水を押し出して圧密沈下する。粘土の変形は縮む量が大きく、縮むのに時間がかかるので、建物が竣工してから何年も経過してから構造部材のひび割れや建物の出入口での段差、設備インフラの引き込み部の損傷等が発生し障害を引き起こす。

地盤沈下対策のポイントはここ！

　3.1　盛土を支持地盤にしない
　3.2　不同沈下を修正する

3.1　盛土を支持地盤にしない

　盛土の下にある軟弱な地層は、上部にある盛土の自重で圧密沈下するので、盛土を支持地盤とすることは避ける。小規模建築物で盛土を支持地盤とせざるを得ない場合には、基礎下の 0.5 〜 1m 程度だけでも良質土に置き換えて十分に転圧する。建物重量が平面的に偏在しないように配慮して、ベタ基礎または剛性の高い布基礎とする。

3.2　不同沈下を修正する

　不同沈下量をあらかじめ予測できない場合は、基礎と 1 階床との間にジャッキアップ機構を設けて、基礎スラブの不同沈下による変形に対応して、1 階床が水平になるように修正するなどの対策を行うとよい。港湾埋立て地等で地盤全体の沈下による浸水対策として、建物そのものをジャッキアップする工法もある。いずれの場合も沈下量の計測やジャッキアップ工事を建物竣工後の維持管理に組み込んで計画しておくことが求められる。

接点 5　建物の安全性の確保

　建物の安全性の確保には、地震に対する耐震性能や台風に対する耐風性能の他、積雪に対しても安全であり、建物在館者の人命や資産の保護のための防耐火性能も求められる。建築主の建物の安全性に対する多様なニーズに応えるには、建築基準法の基準を満足させるだけでは十分でない。建築と構造の設計者は建築主ニーズを的確に把握して、建物の安全性の確保に努めなければならない。

> ### 建物の安全性の確保のポイントはここ！
>
> 1. 構造形式は耐震性能を考慮する
> 2. 耐風性能はレベル2の風について検討する
> 3. 積雪荷重は積雪後の降雨を考慮する
> 4. 主要構造部の防耐火性能を確保する

1.　構造形式は耐震性能を考慮する

　耐震性能を確保する構造形式には、耐震構造、制振構造、免震構造がある。

1.1　耐震構造

　耐震構造とは、地震による振動エネルギーを柱や梁の変形で吸収する構造で、適切な部材とその配置により、強度と粘りで地震に抵抗する。強固な建物を設計することで被害はある程度防げても、地震後の建物の機能維持という点では限界がある。

1.2　制振構造

　制振構造とは、地震による振動エネルギーを制振部材で吸収する構造で、極低降伏点鋼を用いた間柱、オイルダンパー、粘性壁などを制振部材として採用して躯体の損傷を小さくするように地震エネルギーを制御する構造である。

1.3 免震構造

　免震構造とは、免震装置により地盤と建物を絶縁することで、地震エネルギーの建物への入力を低減し、建物の揺れを抑える構造である。免震装置には、建物の鉛直荷重を支える荷重支持機能、地震時に構造物を支えた状態での変形機能、変位を減衰させる減衰機能、建物を元の位置に復帰させる復元機能の４つが求められる。免震装置が設置される部位により基礎免震と中間階免震に大別される。

【基礎免震】

　建物の最下部と基礎の間に免震装置を設置する基礎免震は、基礎扱いとなり、耐火被覆は不要である。建物周囲や非免震部分との連結部分には、変形に追従できる免震クリアランスが必要となる。

【中間階免震】

　建物の途中階に免震装置を設ける中間階免震には、免震層を設ける場合と免震層を設けない柱頭免震がある。いずれの場合も、免震装置より下部では、地震の入力加速度は低減されない。外壁部分に免震スリットが必要となり、地震時に建物を敷地境界から越境させないために、オイルダンパー等で変位を減衰させ、建物を元の位置に復帰させる必要がある。建物が接地する部分では、変形に追従させる免震クリアランス（ドライエリア等）は必要がなく、敷地周辺に余裕がない場合や掘削深度を抑制したい場合に採用されることが多い。柱頭免震は天井仕上げ材と柱の取り合い部分や、天井内の設備配管類等の変位に対する追従性の確保が困難であるため、免震装置を現しのままで使用しても支障がない機械室や駐車場に使用されるのが一般的である。

1.4 耐震性能の決定は工事予算の裏付けが必要

　建物の耐震性能が異なれば同じ地震であっても、地震で建物が受ける被害状況は異なってくる。建物の用途により、建築主の要求性能に対する考え方は大きく変わる。建物の耐震性能によってはイニシャルコストも大きく異なり、点検などのメンテナンスの費用も発生する。建物の耐震性能を決定する時には、性能メニューに合わせて工事費用やメンテナンス費も同時に提案して決定することが大事である。

2. 耐風性能はレベル2の風について検討する

　建築基準法では風荷重について、骨組みと外装材の風荷重の分離、ガスト影響係数や地表面粗度区分、再現期間に基づく2つの荷重レベル等が詳細に規定されている。2000年の改正で性能指定型になり、地域ごと再現年数ごとの風速が明記された。大阪市域や東京23区では、レベル1（50年再現期間）の10分間平均風速34m/s、レベル2（500年再現期間）で34×1.25＝42.5m/sである。瞬間風速は平均風速の1.5倍程度であるので、レベル2では42.5×1.5＝64m/sとなり、風速60m/sクラスの台風に匹敵する。

　風荷重については、骨組み、外装材ともにレベル2の風についても検討しておくべきである。

　風による建物の揺れの防止対策として、建築物頂部に制振装置（TMD・ATMD等）を設置して風による揺れのエネルギーを吸収させる方法がある。

　アスペクト比の大きな超高層建物の屋上に設置された設備水槽（氷蓄熱槽）を、振り子式TMD（パッシブ型制振装置）として利用することで、制振のための特別な付加重量やスペースを設けずに、建物の風による揺れを低減させた事例もある。

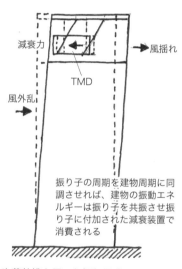

振り子の周期を建物周期に同調させれば、建物の振動エネルギーは振り子を共振させ振り子に付加された減衰装置で消費される

氷蓄熱槽を用いた振り子式TMD

3. 積雪荷重は積雪後の降雨を考慮する

　多雪区域に指定された区域は、建築基準法で規定された積雪荷重で構造耐力上安全であることを確かめることは当然であるが、地震時の検討をするときは建物荷重に積雪荷重0.35Sを加算する。多雪区域以外の区域（垂直積雪量が15cm以上の区域に限る）では、棟から軒先までの長さが10m以上の大スパンで、屋根が15度以下の緩勾配、RC造、または、SRC造でない重量が軽い屋根の建築物は、積雪後の降雨を考慮して規定の積雪荷重に割増係数を乗じて、構造耐力上安全であることを確かめることが求められている。

4. 主要構造部の防耐火性能を確保する

　建築基準法では建築物の防耐火性能について、次の3つの要素で規定している。

防耐火性能を規定する3つの要素

1.大規模建築物の主要構造部等（法21条）

　火災による建築物の倒壊、及び、延焼を防止するために主要構造部の性能を以下のように規定している。

①延べ面積が3000m²を超える建築物、高さが16mを超える建築物、地階を除く階数が4以上である建築物は**耐火建築物**にする。

②4階建ての木造建築物であっても、スプリンクラー、自動火災報知機、面積区画等の条件を満たせば**75分準耐火構造**にできる。木材あらわしで燃えしろ設計が可能。

2.耐火建築物としなければならない特殊建築物（法27条）

①3階以上の階を特殊建築物とする場合は、**耐火建築物**とする。

②2階建て以下でも規模によっては、**耐火建築物または準耐火建築物**にしなければならない。

3.防火地域及び準防火地域内の建築物（法61条）

　防火地域や準防火地域内で耐火建築が求められる場合でも、**延焼防止建築物**にすれば、建物内部は木材のあらわし仕上げにすることが可能である。

4.1　防耐火性能とは

　防火性能とは、建築物の周囲において通常の火災が発生しても、その建物の延焼を抑制する性能のこと。通常の火災に対して30分間構造耐力上支障のある変形、溶融、破壊その他の損傷を生じず、かつ、屋内面を火炎物燃焼温度以上に上昇させない性能をいう。

　耐火性能とは、通常の火災が終了するまでの間、火災による建築物の倒壊及び延焼を防止するための性能をいう。主要構造部ごとに、3時間耐火、

2時間耐火、1時間耐火、30分耐火の耐火時間が定められている。

耐火構造とは、主要構造部が耐火構造であるもの、または、耐火性能検証法等により火災が終了するまで耐えられることが確認されたもので、外壁の開口部で延焼の恐れのある部分に防火戸等を有する建物をいう。鉄は不燃材であるが熱に弱く、600℃になると強度は1/2、800℃で1/3に低下し、1000℃を超えると耐力はほとんどなくなる。そのため防火被覆して、熱による耐力低下を防ぐ必要がある。S造は耐火構造としては認められていない。

準耐火構造とは、耐火建築物以外の建築物で、主要構造部が準耐火構造（法第2条9号の3イ）または、それと同等の準耐火性能を有するもので、外壁で延焼の恐れのある部分に防火戸を有する建築物。木造でも適切な防火被覆を施し、木材が着火温度に達しないようにすれば準耐火構造となる。

4.2　木造を耐火建築物にする

木造を耐火建築にするには、大臣認定を受けた構造方式にするか、耐火性能検証法によらなければならない。耐火建築物は、火災終了後に建物が倒壊しないで自立し続けることが必要で、火災終了後に自然鎮火する必要があり「燃え止まり」という新しい概念が導入された。

【大臣認定を受けた構造方式】

大臣認定を受けた構造方式には以下の3つの方式がある。

①一般被覆型耐火部材（主要構造部に木材を使ったメンブレン型耐火構造）

木造軸組工法や枠組壁工法の構造部材を石膏ボードなど不燃材で耐火被覆し、木材が燃焼、炭化しないようにする。

②燃え止まり被覆型耐火部材（被覆型耐火構造［集成材］による耐火建築物）

燃えしろ設計と同様に燃える速度を制御する技術と、燃えどまり層を部材内部に形成することにより、火災終了時に自然鎮火する仕組み。

③鉄骨内蔵型耐火部材（木質ハイブリッド部材による耐火建築物）

鉄骨を集成材などの木材の厚板で被覆することで、火災中は外周の木材が燃えしろとして燃焼するが、火災終了後には内部の鉄骨で燃焼を停止する仕組み。外周の木材を現しにすることが出来る。

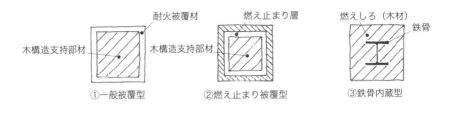

①一般被覆型　　②燃え止まり被覆型　　③鉄骨内蔵型

【耐火性能検証法による木造耐火建築物】（平成12建告1433号）

　耐火性能検証法には、以下の3つの設計ルートがある。

①ルートA（仕様規定）

　耐火構造とする必要な主要構造部は、柱、梁、床、壁、屋根、階段で、すべての部材が耐火部材である必要がある。

②ルートB（令108条の31項1号）

　想定される火災に対して木造の主要構造部が木材の着火温度（260℃）まで上昇しない、すなわち木材が着火しないことを確認する。

③ルートC（令108条の31項2号）

　高度な検証法による木造耐火建築物で、ルートB同様に主要構造部が着火温度に達しない、あるいは、着火しても火災終了後に燃焼が停止する（燃え止まる）ことを確認し、燃え残った部材で安全性を確保することが要求される。

COLUMN　木は意外と燃えにくい

　木材の着火温度は260℃程度であり、通常、この温度になると炎を出して燃えて炭になり炭化層を形成する。火災時における木材の炭化速度は、1分間に0.6〜0.8mm程度で、表面は燃焼するが炭化層を形成し、内部への熱の浸入を遮る。断面を焼失しながら燃え細る速度は、0.7〜1.0mm/分と緩やかで大きな断面を確保すれば、木造でも長時間火災に耐えるという特徴がある。60分間で燃える木の量をあらかじめ把握しておけば、火災後の残存断面を用いて建物の安全性を確保することができる。

接点 6　構工法の検討

　構工法（構造種別）の検討は、企画・計画段階で確認した建築主の耐震性能のグレードや安全性に関する要望を受け、計画敷地の地盤のリスク等を総合的に判断して構造形式を決定する。構工法には広く普及している木構造、S 造、RC 造等の他、国交省告示で規定された工法がある。建築と構造の設計者は、建物の用途や規模に応じて規定された工法のほかに、混構造や複合化工法なども併せて検討し、最適な工法を採用する。

1.　告示で規定された工法

　告示で規定された工法とは、建築基準法第 20 条を受けて、施行令第 80 条の 2 に、特殊な構造方法に関する技術基準が規定されている。この中から膜構造、CLT 工法について解説する。

```
            告示で規定された工法

①壁式ラーメン鉄筋コンクリート造    ⑨鉄筋コンクリート組積造
②壁式鉄筋コンクリート造          ⑩軽量気泡コンクリートパネル
③枠組壁工法・木質プレハブ工法    ⑪プレストレストコンクリート造
④薄板軽量型鋼造               ⑫告示免震建築物
⑤デッキプレート版             ⑬アルミニウム合金造
⑥丸太組み工法                ⑭膜構造
⑦システムトラス               ⑮テント倉庫
⑧コンクリート充填鋼管造         ⑯CLT
```

2.　膜構造

　膜構造には令 80 条の 2 の第二号の構造として、国交告示第 666 号（平成 14）に膜構造の構造計算として骨組膜構造とサスペンション膜構造の二つが規定されている。野球場等の無柱大空間を構成する空気膜構造（エアードーム）については、大臣認定の扱いとなる。

2.1　骨組膜構造

　鉄骨造やその他の構造骨組みに膜材料を張ることにより、屋根又は外壁

を構成する構造方式で、構造的な安定感と開口部を自由に作れる特徴を持ち、経済性に優れ規模の大小を問わず広く採用されている。

2.2　サスペンション膜構造

　膜材料を主材料として用い、基本形状を吊り構造（サスペンション構造）とした構造方式で、起伏に富んだ形状で曲面のユニークさを生かしたデザイン性に優れ、躍動感のある形態を構築できる。

2.3　空気膜構造（エアードーム）

　膜材料を用いて形成された屋根及び外壁の室内側の空気の内圧を高めて、膜材料を張力状態とし、荷重及び外力に抵抗する空気支持方式で、凸形状の屋根が雨や積雪で下向きに反転してポンディングが生じて張力が反転すると、膜構造の形が保持できなくなる。空気膜構造は大臣認定を受けなければならない。

3.　CLT工法

　CLT（Cross Laminated Timber）とは、挽き板の繊維方向が直交するように積層し接着したパネルで、高い強度を持つため構造材として使用され、S造とのハイブリット構造にも活かされている。CLT は工場でプレ加工されるという特性を生かして、パネルサイズと接合部を単純化して、耐力壁や床、屋根に採用することで、建物の軽量化（比重はコンクリートの≒1/6）と工期の短縮を図ることが可能であり、施工の合理化と施工品質の向上にも大きく寄与することが期待されている。国交省告示に基づき構造計算等を行うことにより大臣認定を個別に受けることなく建築確認を受けることで建築が可能となった。また、告示に基づく仕様にすることで、燃えしろ設計で、防火被覆なしに構造体を現しにして準耐火構造の建物をつくることができる。一般に流通している厚 90mm の壁パネルは、高い断熱性能と調湿や吸音性能も備えているので、設計によっては構造材だけで断熱材も仕上げ材も不要とすることが可能である。CLT 関連告示が次のように定められている。

① 　CLT パネル工法を用いた建築物の一般的な設計手法に関する技術基準（平 28 第 611 号）

② 　CLT パネル工法構造計算書の構成（平成 28 第 612 号）

③ 　直交集成板の許容応力度・材料強度（平 13 第 1024 号、平 28 第 562 号で改正）

④　CLT の規格・品質に関する技術的基準(平12第1446号、平28第561号で改正)

⑤　防耐火設計に係る構造方法（平27第253号、平28第564号で改正、および平12第1358号、平28第564号で改正）

⑥　木造と RC 造の混構造（平19第593号、平28第613号で改正）

接点 7　非構造部材の安全性の確保

　地震や台風による建物への被害には、主要構造部だけではなく非構造部材も損傷を受ける。天井材の崩落や間仕切壁の損傷の他、設備機器や家具什器類の転倒があれば、企業活動や施設の機能維持、継続使用に支障をきたす。非構造部材の損傷を軽減するためには、建築、構造、設備の設計者が連携、協業して安全性の確保に努めなければならない。非構造部材の安全性確保のための検証は構造設計者に課せられた法的な責務である。

> **非構造部材の安全性の確保のポイントはここ！**
>
> 1.　建物屋外の非構造部材の強靱化
> 2.　建物屋内の非構造部材の強靱化
> 3.　エレベーター・エスカレーターの地震対策
> 4.　あと施工アンカー

1.　建物屋外の非構造部材の強靱化

　建物屋外に関する非構造部材には、屋根葺き材や屋外に面する帳壁、屋上から突出する水槽等の設備機器や煙突がある。地震による転倒や落下、強風による飛散等の防止策が必要である。

・屋上機械の転倒防止
・目隠し壁の落下防止
・看板・サインの落下防止
・外壁の落下防止
・軒天上の風対策

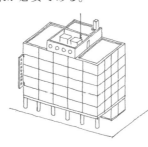

・屋上煙突の倒壊防止
・避雷設備の安全確保
・帳壁（CW）の落下防止
・金物類の飛散防止

2. 建物屋内の非構造部材の強靱化

　建物屋内に関係する非構造部材には、天井や間仕切り壁、天井内に吊下げられた設備機器等がある。非構造部材の損傷には、地震による天井材や天井内に吊り下げられた設備機器等の脱落や落下防止策の他、間仕切り壁等のひび割れ損傷の防止対策が必要である。

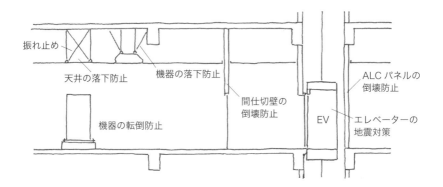

3. エレベーター(EV)・エスカレーター(ES) の地震対策

　地震の揺れを受けて、EV の釣合おもり片の脱落やガイドレールの変形、ES 本体の脱落やフレームの損傷が多発している。建築、構造、設備の設計者は、EV のカゴや昇降路寸法、反力など設計時の設定と差異がないことを必ず確認する。EV や ES の支持反力を基に支持部材やそれらを支える構造躯体の安全について検証を行なわなければならない。

3.1　エレベーター(EV) の落下防止対策

　EV の地震の振動に対する落下防止対策として以下の法規制が定められている。

① EV の地震の震動に対する構造耐力上の安全性を確保するための構造計
　算の基準（令第 129 条の 4 第 3 項第 6 号、平 25 国交省告示第 1046 号〜第 1054 号）

②地震の震動によって EV の釣合おもりが脱落しない構造方法
　（令第 129 条の 4 第 3 項第 5 号、平 25 国交省告示第 1048 号）

③乗用 EV 及び寝台用 EV 以外の EV の昇降路についての安全性を確保す
　るための構造方法
　（令第 129 条の 11、平 25 国交省告示第 1050 号、第 1051 号、第 1052 号）

④ EV 強度検証法の対象となる EV 及び屋外に設ける EV に関する構造計算の基準

（令第 129 条の 4 第 1 項第 2 号、第 2 項及び第 3 項第 5 号、平 25 国交省告示第 1054 号）

⑤ EV ピット下部は原則として居室として使用できない。やむをえず倉庫、機械室等の用途に使用する場合には、2 重スラブ等の対策を考慮したうえで、特定行政庁との事前協議が必要である（令 129 条の 7、平 20 国交告示 1454 号、昇降機技術基準の解説（2016 年版）《設計上の留意点》4．ピット下部利用について）

3.2 エスカレーター（ES）の落下防止対策

ES の落下防止対策として以下の法規制が定められている。

①地震の震動によって ES が脱落しない構造方法

（令第 129 条の 12 第 1 項第 6 号、平 26 国交省告示第 1046 号）

4. あと施工アンカー

あと施工アンカーは使い勝手が良いため、間仕切壁、天井、設備機器等の非構造部材を、あと施工アンカーを用いて構造躯体に固定するのに多く用いられている。重要物や重量のある物を固定する場合は、構造設計者にあらかじめ相談をし、安全性の検証をしてもらう必要がある。主要構造部材に用いる。あと施工アンカーの法的な扱いとして、耐震改修工事での採用は認められているが、新築工事には適用されない。また長期荷重の支持には使えない。耐震改修の場合、構造設計者は設計図書にあと施工アンカーの性能仕様を必ず明記する。

COLUMN　天気予報と地震予測

天気予報と地震予測は、天気図の作成や地震震度の観測から始まって、どちらも同じく 130 年の歴史がある。天気は現象そのものの物理が解明され、計算モデルが確立されているので、観測データの蓄積と解析によって予報が可能で、スーパーコンピュータの活用もあって、現在は十分に実用化している。しかし地震現象は、未だ物理が解明されていないため、長期予測や地震震度の観測・結果報告にとどまっている状況である。

接点 8 設計図書の作成

建築主要望事項を整理して設計与条件が確定すると設計に着手する。建築設計図、構造設計図、設備設計図の三つがそろって初めて建築を造ることが出来る。建築、構造、設備の設計者が連携、協業して整合性のとれた設計図書を作成しなければならない。

設計図書作成のポイントはここ！

1. 設計与条件の確定
2. 協業による設計のつくり込み
3. 整合性のとれた設計図書の作成（BIM の活用）

---

1. 設計与条件の確定

企画・計画段階で「建築主要望事項チェックリスト」を用いて、用途・規模や将来計画の有無、維持管理方法等を確認し、設計与条件を確定させたが、初期の段階では、安全性や利便性、意匠的な要求性能は明確になっていない場合が多いので、合意を得た「設計基本方針書」を基に、今一度再確認をすることが必要である。また構造設計に着手する前に、企画案（建築プラン）に基づいて、ここには壁を設けたくない、この柱は細くしてほしい、柱スパンは大きくしたい、床荷重はこの範囲は大きく等々、建築設計者からの要望を十分に協議して構造設計与条件を確定させることが大事である。

2. 協業による設計のつくり込み

構造設計与条件が確定すると、仮定断面が示され、構造計算と詳細設計が同時にスタートする。構造計算の結果で仮定断面が変わることもある。詳細設計段階で、設備設計からダクトや配管の振回しで、梁貫通や梁成を小さくしてほしい等の要望も出る。また非構造部材についても確認しなければならない。建築、構造、設備の設計者との密度の高い連携、協業により、整合が取れた設計図書を作成しなければならない。

3. 整合性のとれた設計図書の作成（BIMの活用）

BIM（Building Information Modeling）とは、コンピューターで3D の

建物情報をデータ化し、ヴァーチャルに3次元モデルで建築を構築することである。建築、構造、設備や生産機器等、建設するのに必要なありとあらゆる情報をデジタル化して設計図書をまとめ上げ、設計変更があった場合には、3次元モデルを修正すれば自動的に変更内容が設計図に反映されて、不整合のない設計図並びに施工図が作成される。生産プロセスをヴァーチャルに可視化することにより、各種シミュレーションや干渉チェック等が可能となり、建築、構造設備の関係者が不具合の情報をいち早く共有して、トラブルに対する予防措置が打てる。BIMは計画段階のフロントローディングから、設計段階での不整合のない設計図書や施工図の作成、積算との連携、施工段階での竣工図の作成まで、一貫してデータを共有することで生産性を高め、品質の向上が期待される。BIMは不整合のない設計図書の作成だけではなく、企画・計画段階から竣工後の維持管理まで、建物のライフサイクル全般にわたって活用されるツールである。

トラブル予防のツールとしてのBIM

①設計の「可視化」と「整合性」

②干渉チェック(重ね合わせ)

　建築、構造、設備の設計図書の連動で、柱、梁、天井、ダクト、配管等の外形寸法や各種のクリアランスをチェックする

③構造部材や非構造部材のプレファブ化

　建築と構造の接点領域の融合により構造部材や非構造部材のプレファブ化やユニット化で工期の短縮を図ることが可能である。

5
施工段階での接点
【工事中の設計変更対応】

　建物は用途や規模の大小にかかわらず、施工段階で必ずと言っていいほど、設計変更が発生する。施工段階での建築と構造の接点は、工事中の設計変更対応である。

施工段階での接点はここ！

接点 9　計画変更申請の対応

接点 9　計画変更申請の対応

　工事に着手してから建築主の要望により設計変更が発生することがある。商業施設であれば竣工間際にテナントが決定することがある。その場合、テナント区画の壁の位置や厨房の位置変更による積載荷重の変更、防火区画の位置変更等が発生することがある。工事途中で設計変更が発生すれば、軽微な変更を除き工事を中断し計画変更申請をして、確認を受けた後でないと工事を進めることはできない。

1.　あらかじめの検討

　設計段階で建築主の要望による設計変更が予想される場合は、あらかじめの検討を行い、幅を持たせた計画内容で確認を受けておくと、計画変更申請の手続きは不要となる。建築基準法第 20 条、あるいは第 68 条の 10 型式適合認定の規定に基づく構造方法等の認定についても、あらかじめの検討内容を含んで性能評定及び認定を受けることが可能である。構造との接点での「あらかじめの検討」事例として、杭の位置に関する検討、免震材料に関する検討、鉄筋の継手工法に関する検討、梁貫通孔の位置に関する検討、積載荷重に関する検討等がある。

2. 確認を要しない軽微な変更

　確認を受けた後、計画変更の内容が建築基準規定に適合することが明らか なもので、建築基準法施行規則3条の2第1項のいずれかに該当する場合は、 計画変更申請は不要で軽微な変更手続きのみでよい。

軽微な変更に該当する主なもの（規則3条の2第1項）

①建築面積の減少や床面積の減少

②建物の高さの減少や階数の減少

③防火上主要でない間仕切り壁の位置変更

④防火上の材料、構造、または防火設備で性能が同等のもの、 あるいは優れたものへの変更

---

3. 確認申請書の審査期間（法6条4項及び6項、77条の27）

　建築物の建築（確認不要の建築物もある）や大規模の修繕・模様替え、及び、 特殊建築物への用途変更や計画変更を行う場合は、確認申請の規定の準用を 受ける。用途変更でも、類似の用途相互間の用途変更については確認申請は 不要である。確認申請書の審査期間の規定は、建築主事に申請する場合に適 用され、指定確認検査機関に申請する場合は適用されない。指定確認検査機 関の審査期間は、それぞれの指定検査機関の定めによる。

一口メモ

構造計算適合性判定（法6条の3）

構造計算適合性判定とは、確認審査を補完するものとして、建築主事、ま たは指定構造計算適合性判定機関が、構造計画や構造計算の詳細な過程等 の審査を複層的に行う制度で、建築主が構造計算適合性判定を直接申請し、 判定終了後、建築主事等に適合性判定通知書等を提出しなければ確認済証 は交付されない。設計変更で計画申請を行う場合も、構造計算適合性判定 は必要である。

6
維持保全段階での接点
【耐震性能の維持と更新】

　建物を引渡した後、建物の機能を維持し継続使用ができなければ、良い建物とは言えない。建物のイニシャルコストを低減するために、維持保全の側面を軽視すると竣工後の建物のメンテナンスや機能更新計画にも大きく影響する。維持保全段階を耐震性能の維持と耐震性能の更新の二つに焦点を当てて整理した。維持保全段階では、新築当時の設計者が関わることもあるが、多くは建築と構造の別の設計者が業務を引き継いで遂行することがほとんどである。そのため最新版管理された竣工図や施工管理報告書等のドキュメントが整備・保存されていることが重要である。

維持保全段階での接点はここ！

接点 10　耐震性能の維持
接点 11　耐震性能の更新

接点 10　耐震性能の維持

　耐震性能の維持をしていくには、建物の日常点検や定期調査によって、建物の現状を正確に把握し、必要な維持保全計画を立てて維持していくことになる。また、制振・免震設備を設けた建物では、大きな地震を受けたときなどは点検・調査を行い、メンテナンスを行う必要がある。また構造のヘルスモニタリングも有効である。

耐震性能維持のポイントはここ！

1. 日常点検と定期調査
2. 制振・免震装置の点検
3. 構造ヘルスモニタリング

1. 日常点検と定期調査

　建物の日常点検では、経年変化による建物の躯体や内外装の劣化状況の他に、地震計や風速計などの観測機器の稼働状況を確認する。外壁のひび割れ等の躯体の劣化や地震による外装材の損傷などがあれば、建築と構造の設計者は現地を確認して、補修方法等を調査報告書に盛り込んで建築主へ提出する。特殊建築物の場合は定期調査報告が義務付けられている。

2. 制振・免震装置の点検

　制振・免震建物の管理者は、特殊建築物の定期調査と同様に、建築基準法第8条と第12条の規定により、装置の定期調査報告が義務付けられている。免震装置は、告示2009号第5の耐久性等関係規定を満たさなければならない。

2.1 制振・免震装置の維持保全

　制振・免震装置は竣工後の定期点検として毎年一回程度の目視検査を行う。免震装置の鋼材部には防錆処理がなされているが、湿度が高い地下免震ピットでは、日常の目視点検で錆の発生が見つかった場合は補修をする。2年目、5年目、10年目などの節目には定期調査を行い、残留変形の量が大きい場合は建物位置を元に戻したり、免震EXP.J部の補修を行う。大きな地震や台風、洪水などの災害や火災、冠水があった場合は、速やかに調査、確認することが必要である。制振ダンパーには、オイルダンパー、粘性ダンパー、粘弾性ダンパー、鋼製ダンパー等があるが、基本的には制振ダンパーの点検は必要がない。制振・免震装置の他に、地震計、風速計などの観測装置のバッテリー交換や維持管理も必要で、建築と構造の設計者は、建築主に維持管理の必要性を十分に説明し予算措置や引渡し後の制振・免震装置の定期点検を委託する点検技術者を紹介するなど、維持管理体制を整えておくことが重要である。

2.2 免震装置の取替え

　免震装置は経年変化により、いずれ取り換えが必要となる。新築時は施工計画に基き、工事中に免震装置を搬入据え付けするので問題はないが、取替えする場合は、搬入経路や設置のための作業スペースが必要となる。免震装置を撤去する時は、細かく分解して搬出できるが、更新時に新設す

る免震装置は、分解はできないと考えておくべきである。免震装置（積層ゴム製）はメーカによって仕様は変わるが、目安として直径1mで約2t、直径1.6mで約7tとなる。

3. 構造ヘルスモニタリング（SHM＝Structural Health Monitoring）

構造ヘルスモニタリングとは、建物にセンサーを設置して、挙動応答値（変位、加速度、応力など）を計測解析して、建物の損傷劣化を診断するもので、従来の地震計を用いた地震観測もSHMのひとつである。地震の揺れに対する安心感を向上させるには、免震構造や制振構造により物理的に建物の揺れを低減することだけでは安心感を高めることは出来ない。建築主や入居者の安心感を高めるためには、SHMによる検証結果を基に、設計が目指していた安全性が確保されていることを確認し、具体的な数値をもって提示して納得してもらうことが重要である。地震被災後に被災度を即時に判定して建物損傷状況を建築主や入居者が入手できれば、安心して適切な避難行動をとることができる。安全から安心への展開には、免震や制振といった物理的なハード技術に加えて、人間の心理や行動に関わるソフトな技術が求められている。SHMにより、広域での建物被害状況が把握できされば、行政としての初期対応の体制づくりにも大きく寄与することが期待される。

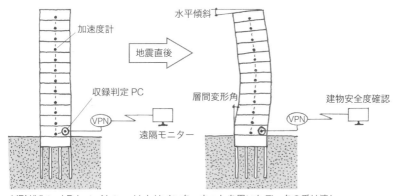

VPN(Virtual Private Network)とはインターネットを用いたデータの受け渡し

COLUMN 　地震の揺れに対する安心感

　安全と安心は併記されることが多いが、同義ではない。安全には安全率、安全係数のように、安全の程度を客観的、科学的に判別する指標があるが、安心は主観的であり、定量的に扱えないのでそのような指標はない。建築物にとっての安全と安心とは、地震や津波等の自然災害に対する安全と安心であるが、最近の度重なる地震経験によって、これまでの「損傷しない、倒壊しない」という設計だけでは社会の期待に応えられなくなってきた。地震の揺れに対する安心感を考える際の参考として、気象庁の震度階の解説表があり、人間の感覚や行動に関する指標が示されている。個人差はあるが、震度4の揺れで、歩いている人のほとんどが揺れを感じ、寝ている人のほとんどが目を覚ます。震度5強の揺れで、物につかまらないと歩くことが難しく、行動に支障を感じる。震度6強の揺れになると立っていることができず、避難行動を取ることも難しくなる。同じ大きさの揺れでも、カタカタとした短周期の揺れとゆっさゆっさとした長周期の揺れでは、人間の感覚に与える影響は異なる。地震調査研究推進本部の長周期地震動予測図2009年版によれば、人間を振動台に乗せた実験では、超高層や免震建物のゆっくりした揺れは、低層建物の速い揺れに比べて小さな加速度でも不安を感じやすくなると指摘している。地震の揺れに対する安心感を向上させるには、竣工後の建物が構造ヘルスモニタリングやその検証を通して、設計で目指した高い安全性が確保されていることを確認し、建物居住者に周知して、安心感を高めることが重要である。建築主は免震や制振などの採用による物理的な揺れの低減だけではなく、安心できる建築を求めている。

接点 11 　耐震性能の更新

　建物は経年変化による物理的劣化や建物の要求性能が社会の要求についていけなくなる社会的劣化にともない、設備更新や増改築、用途変更等の機能更新が必要となる。建物の機能更新の中でも建築と構造の設計者の連携・協業が最も必要な耐震診断と耐震改修について解説する。

耐震性能更新のポイントはここ！

1. 耐震診断と耐震改修
2. 耐震改修の方法
3. 耐震診断から耐震改修までの流れ

1. 耐震診断と耐震改修

　耐震診断とは、旧耐震基準（1981 年以前）で設計された建物が地震に対して耐震性があるか否かを診断することで、診断の結果、倒壊する可能性が高いと判定された場合は、地震に耐えるように耐震補強工事を行う必要がある。新耐震基準で建てられた建物でも経年劣化が懸念される場合は、耐震診断を行い耐震補強の必要性の判断をすることが必要である。耐震診断・耐震改修は建築主と建築と構造の設計者が一体となって進めていく必要がある。

1.1 　耐震診断のレベル

　耐震診断には 1 次診断、2 次診断、3 次診断の 3 つのレベルがあり、診断のレベルによって診断の内容が異なる。

【予備調査】

　予備調査では建物を目視調査し、設計図書の有無や増改築等の履歴、経年劣化等の内容を確認する。

【現地建物の調査】

　設計図書と現地との差異やコンクリートのひび割れ状況、中性化の程度、鉄筋の錆等について調査する。

【1次診断】

　各階の柱と壁の断面積とその階が支えている建物重量から計算する最も

簡便な方法である。一次診断では、柱・壁の水平断面積が必要となり、設計図書が無い場合は柱・壁の水平断面積を実測する必要がある。設計図書が残っていれば建物の詳細な調査を行わなくても短時間で診断できる。1次診断の結果を以って補強設計を的確に行うことは不可能なので、耐震補強設計から補強工事を考えている場合は二次診断をする必要がある。

【2次診断】

各階の柱と壁のコンクリートと鉄筋の寸法から終局耐力を計算して、その階が支えている建物重量と比較する計算方法。1次診断より信頼性が高く、公共建築物（学校・庁舎等）で最も多用されている方法である。通常は二次診断の結果を以って耐震補強案の提案（補強方法と補強箇所数の提示）と耐震補強設計を行い補強工事を行う。

【3次診断】

2次診断の柱と壁に加えて梁も考慮して、建築基準法の保有水平耐力計算とほぼ同程度のレベルで建物の終局耐力を計算する方法である。

1.2　耐震診断の判定

耐震診断の結果で得た、構造体が保有する強度と靭性に関する耐震性能の構造指標 Is、保有水平耐力に関わる耐震指標 q により、新耐震基準で設計した建物と同等の耐震性能を保有しているかどうかを判定する。

a	$Is < 0.3$、または、$q < 0.5$	倒壊または倒壊する危険性が高い
b	a、c 以外	倒壊または倒壊する危険性がある
c	$Is > 0.6$、かつ、$q > 1.0$	倒壊または倒壊する危険性が低い

上記 a、b に該当する場合は耐震補強が必要となる。

2.　耐震改修の方法

耐震改修の方法には、耐震工法、制振工法、免震工法の3つがある。

【耐震工法】

建物の外部や内部の壁のなかった部分へ、壁の増設や鉄骨ブレースで外周架構を新設したり、柱に鋼板や炭素繊維シートを巻きつけて補強する。また柱と壁の間にスリットを設け雑壁処理をして、柱の粘り強さを向上させて耐震性能を高める工法もある。

【制振工法】

建物内部にダンパーを組み込み、地震による建物の揺れを軽減する改修方法で、免震工法と比較すると施工法が簡便なため、短工期で低コストの耐震改修が可能である。

【免震工法】

建物の基礎部分や中間階に免震装置を挟み込み、地震の振動エネルギーを吸収し建物に振動を伝わらなくする改修方法。地震の力を抑制し揺れを軽減するので建物の倒壊だけではなく、建物の応答加速度を低減し家具の転倒を防ぎ、非構造部材や設備の損傷等を防止できる。耐震改修工事の中では比較的コストがかかるが、建物の安全性は格段に上がる。

COLUMN　震度とマグニチュード

地球を作っている岩盤が破壊する現象が地震で、地震が発生すれば地震波が生まれ地盤や建物を揺らす。この地震動の大きさ（地面の揺れの強さ）を示すのが震度で、地震そのものの大きさをあらわすのがマグニチュードである。一般的には震源地から離れるほど震度は小さい値を示し、埋め立て地のような柔らかい地盤のところでは固い地盤のところより震度が大きくなる傾向にある。マグニチュードと震度は、どちらも６や７と同じような数字なので両者はよく混同されるが、地震と地震動の違いに注意すれば、間違うことはない。震度については、阪神・淡路大震災のあとで大きく変更され、震度Ⅴ、Ⅵがそれぞれ強弱に分けられて震度階級が10階級に、また「強震」「烈震」「激震」などの名称が廃止された。日本では、全国に設置された震度計によって機械計測がなされ、気象庁の担当官がいなくても、地震が起こると即座に全国の震度がまとめられる。震度情報から被害状況を推定して、迅速に災害応急対策を講じるなど防災情報が発信される。これは世界で初めての画期的な仕組みである。

3．耐震診断から耐震改修までの流れ

　耐震診断から耐震補強・耐震改修までの流れを整理すると以下のようになる。

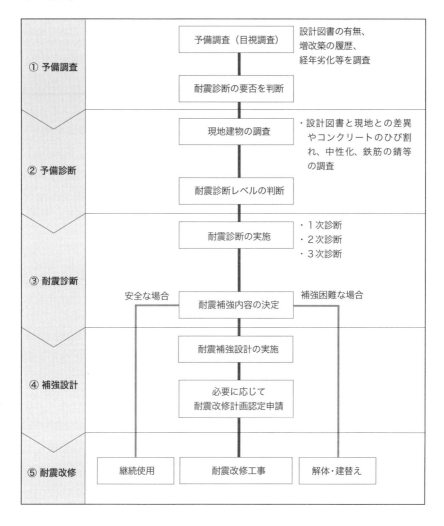

7
接点での連携と協業で
トラブルをなくす

　構造との接点でのトラブル予防のポイントは、トラブルが起きてから対処するのではなく、トラブルを起こさないように建物をつくることである。建築のライフサイクルの流れの中で、建築と構造の設計者がお互いに問題点を抽出し、トラブルの原因となる要因を事前に除去することが最大の予防措置となる。公開されたトラブル事例から、どのような段階でトラブルが発生し、それはどのような不具合を発生させたのかを、具体的な事象として認識し、その予防措置の方法について、理解することが、トラブル予防のポイントと考える。トラブルのない建築づくりは、建築と構造の接点における高密度の連携、協業なくしてありえない。

1. 想定外のトラブル

　自然災害による甚大な被害が起きると、今回の被害は予想を超えるもので「想定外」であるという言葉が免責に使われる。事前に予測できなかったために起きたトラブルは、当事者にとって、すべて想定外の事象である。どのようなことが起きるのかを正しく想定することが、専門家としての建築と構造の設計者に求められている責務である。

2. 未知のトラブルと無知のトラブル

　想定の拙さの結果で発生するトラブルには、「無知のトラブル」と「未知のトラブル」がある。過去にすでに起きたトラブルであるのに知らなかったという無知と新しい技術による工法のために、いまだトラブルを経験していないという未知である。新しい技術はモデルで実験を行い、そこで失敗をしたことを新しい技術に反映させることにより確立される。新しい技術に対する実験の目的は失敗することにあるといっても過言ではない。しかし現代社会は、その失敗を熟成させるだけの時間をもつ余裕を許さない。そのためにトラブルが発生する。構造設計者の仕事は、モデル化された問題を解くこと

だと考えられてきたが、スーパーコンピュータが導入された現代の環境では、誰にでも簡単に問題を解くことが出来るようになった。もはや問題を解くこと事態に大きな意味がなくなってきた。問題を解くことではなく、その問題を正しく想定して設定することが求められている。未知の問題については、建築と構造の設計者が連携と協業をして、想像力を働かせるしかない。トラブルが「起こるか」、「起こらないか」について悩むのではなく、可能性に対して「できること」と「できないこと」を明確にして、最善の解決策を模索することが肝要である。このことがデザインと技術の融合を生み出す源泉となる。

3. 技術の裏付けから生まれるトラブル予知能力

トラブル予知能力とは、これから起こるであろうトラブルを先に読み取り、トラブルの予防措置をすることである。答えがわかっている既知のトラブル事例を知識として多く蓄積し、トラブル予防に直面したときに、瞬時にその知識を引き出せるかが求められる。新しい技術の試みは、モデルを解析してトラブル予防措置を組み込んだ新しい技術であるが、想定外のトラブルが起きる可能性がある。これに対しては、実験を通して失敗し、失敗の原因を解明して、再発させないためには、それを知識として共有しトラブル予防策を考えることしかない。そこには経験に裏打ちされた飛躍的な知恵（ノウハウ）が必要である。

4. 「暗黙知（ノウハウ）」から「形式知（ナレッジ）」へ

暗黙知を形式知に変換することができれば、トラブル予防のツボを、次の世代へ伝えていくことが容易になる。時代の最先端を行く高い暗黙知を蓄積することは難しくても、建築と構造の設計者が形式知を共有して伝承していくことは可能である。スーパーコンピューターの導入でAIを活用して、ロボットによる施工の技術が試行段階から実施段階へ移行しつつある。今まで人間がやってきた新技術の開発やトラブル事象の蓄積をAIで判断して瞬時に最善の解答を導き出し、ディシジョンメイキングする時代になってきた。「暗黙知」がますますブランクボックス化して、「形式知」への変換伝承が困難となっている。トラブルに対する予知能力をもつことは簡単ではないが、先人の失敗例に学び、トラブルに遭遇した時に、先人から伝授された対処法

やそこから学んだノウハウをいかに応用するかが、品質トラブル予防のポイントである。

5. トラブル予知と予防のサイクル

　形式知と暗黙知を互いに変換し継承していく方法が変わっても、建築のものづくりの原理は変わらない。

建築の「ものづくり」は現地現物で

現場で唯一無二のものをつくるので、
同じ工程、手順で建設されることはない

マニュアルどおり設計しても、不具合は必ず発生する。
同じような不具合でも、その原因は一つとして同じものはない。

トラブル要因はヒューマンエラー

トラブルには　無知のトラブルと未知のトラブルがある

トラブル予防は担当する人の資質に頼るのではなく、
組織としてフェールセーフの仕組を構築する

品質トラブル予防措置

トラブルが起きてから対処するのではなく
トラブルを起こさないように建築をつくる

―「暗黙知」から「形式知」へ―

AIの時代に社会基盤を整備し、いかに暗黙知を継承
していくかが課題
・先人の失敗に学び予知能力を高める
・トラブル要因の情報を関係者が共有する

第2部

トラブル予防のツボ 100

建築設計者と構造設計者は連携してデザインと技術の融合を図りハイクオリティの建築物を創出する。建築と構造の接点において、押さえておくべきポイントをトラブル予防のツボとして整理した。

▶ 本社ビルの耐震性能を建築主と協議した。イニシャルコスト等から判断して、稀に発生する地震に対しては構造耐力上主要な部分に損傷を生じなければよいとのことで、耐震性能を高めた耐震構造を採用した。大きな地震が発生し躯体は持ちこたえたが、壁や天井等の内外装仕上げ材の損傷、生産機器や情報通信設備等の破損、家具の転倒等により企業活動が一時、停止した。建築主から「こんな被害になるはずではなかった」というクレームがついた。

1. 建築主への説明は容易に理解してもらえるツールが必要

設計者は建築主に理解してもらったと思っていたが、認識の不一致があった。建築主の想いに沿えば、制振や免震構造にすべきであった。耐震性能グレードの設定には、建築主に容易に理解してもらうためのツールが必要である。建築基準法は最低限の基準であり、主要構造部が損傷しないことを規定しているか、仕上げ材や2次部材などの非構造部材については損傷を許容しているので、注意が必要である。

2. 安全・安心を可視化するツール

建築主は、建物が安全であるだけではなく、建築主や在館者が安心できる建物を求めている。建物の耐震性能が異なれば同じ地震であっても、地震で建物が受ける被害状況は異なってくる。地震の揺れの強さと建物が受ける被害の程度を「安全グレード表」と「安心グレード表」に整理した。この表を用いることにより、専門的な用語を使わなくても、建築主が求める耐震性能のグレード設定は容易にできる。活用していただきたい（表1、2）。

3. 耐震性能の決定は工事予算の裏付けが必要

建物の用途により、建築主の要求性能に対する考え方は大きく変わる。耐震性能によっては、イニシャルコストもそれなりに大きくなり、点検などのメンテナンスの費用も発生する。耐震性能を決定する時には、性能グレードに合わせて、コストも提案し検討することが大事である。

次の表1、表2に示す耐震性能のグレードは次の通りとする。

SS ：最高レベルの免震構造
S ：免震構造
A ：制振構造
B ：耐震構造
C ：基準法レベルの耐震構造

表1　安全グレード表

地震の強さ	倒壊・崩壊しない			耐震性能グレード	安全コメント
	補強修復が難しい	補強修復が可能			
	損傷を生じる	損傷を生じる	損傷軽微		
震度7相当			SS S	SS	損傷は軽微
震度6相当		A		S	震度7でも損傷が軽微
震度5相当		B		A	震度6の地震では軽微又は修復可能な被害
震度4相当	C			B	震度6の地震では修復可能な被害 震度5の地震では損傷軽微
				C	基準法レベルの耐震：震度4で主要構造部材には損傷を生じない

表2　安心グレード表

地震の強さ	避難行動ができる			耐震性能グレード	安全コメント
	不安感あり家具転倒	不安を感じない家具は転倒しない			
	不快な揺れを感じる		不快な揺れを感じない		
震度7相当			SS S	SS	不快な揺れを感じない
震度6相当		A		S	震度7の地震でも不安を感じない
震度5相当		B		A	震度7の地震では避難ができる 震度6の地震では不安を感じない
震度4相当	C			B	震度6の地震では避難ができる 霋度5の地震では不安を感じない
				C	震度4の地震で家具が倒れ、不安な揺れを感じる

59

▶RC造にするか、S造にするかは設計者でも悩ましい問題である。RC造で
建物をつくったが、工事期間中に雨天が多く、工期が2か月延びてしまった。
一方、工期が短いのでS造にしたら、振動がひどいと問題になった。

1. RC造とS造の特色を理解する

　地震で倒壊しないという耐震性については、RC造もS造も同じようにす
ることができる。中小の地震では揺れは鉄骨造の方が大きくなる。RC造は
多少ひび割れが発生することもある。耐火性については、S造は耐火被覆が
必要となるが、耐火性は同じと考えられる。耐久性も、メンテナンスさえ行
えば、大きく変わらない。RC造とS造の特色を理解して、プロジェクト特
有の要件を考慮して構造方式を決める必要がある（表）。

2. 工期は鉄骨造が断然早い

　仮設的な建物や使用期間が短い建物は、工期が短く、解体も容易なS造
がよい。また、S造は重量が軽いため、基礎もそれなりに経済的になる。
RC造では柱や梁は現場で型枠を組んで鉄筋を配筋し、生コンクリートを打
設して、さらに強度が出るまで日数がかかる。さらにRC造の方が天候によ
る影響を受けやすい。

3. 工場などの生産施設はS造が多い

　生産施設では階高も高く、柱スパンも長くできるのでS造の方が有利で
ある。工場で加工製作した鉄骨の柱や梁を組み上げるだけで良いので、支保
工などの仮設も少なくて済むし、工期も短い。物流施設も同様である。ただ、
S造の梁は振動しやすいので、精密な生産工場などの場合は注意が必要であ
る。

4. 集合住宅はRC造が安心

　集合住宅のような人が生活する建物では、振動や騒音が発生しにくく、居
住性がよいRC造がよい。中層の建物だけでなく、高層住宅もRC造が多い。
高層住宅ではRC躯体をプレキャスト化した工法で工期短縮を図っている。

5. コストは RC 造、S造のどっちが安い？

　RC 造は、材料コストでは鉄骨より安い。しかし建設に当たっては型枠や支保工などの仮設が必要であり、人手不足、特に職人不足が続いているため、コストも上昇している。一方鉄骨の方も資材単価の上昇などもあり、一概にどっちが安いとは言い切れない。その時々の積算を比較するのが確実であることは言うまでもない。

6. その他の構造方式もある

　RC 造や S 造の他にも、両方の良いところを併せ持った SRC 造や、RC 製柱に鉄骨梁とした混構造や木造を併用した構造などもあり、建築主の想いいをくみ取って構造設計者としっかり協議することが重要である。

表　中層建築物の構造方式の特徴

	RC 造	S 造
重量	重い	軽い
剛性	高い	振動し易い
地震被害	ひび割れし易い	変形は大
スパン	6〜10 m	10〜20 m
工期	長い※	短い
耐火性	耐火性能あり	耐火被覆が必要
耐久性	中性化防止が必要	防錆が必要
耐風性	重たいので揺れにくい	軽いので揺れやすい
地盤沈下	ひび割れを生じる	追随しやすい
デザイン	自由度が高い	ある程度制約有り
解体	音・振動・粉塵の発生	比較的容易
居住性	遮音性も優位	普通

※ PCa 化により短縮可

▶ 構造形式として耐震壁やブレースを最初から設定するのは難しい。プランニングが自由に検討でき、外装のデザインとして窓の位置や大きさも自由に考えたいので、ラーメン構造とした。その結果、躯体コストが高くついた。

1. ラーメン構造は耐震壁やブレースが不要

　ラーメン構造は柱・梁のフレームだけで地震時の水平力を負担するので、耐震壁やブレースを設ける必要はない。そのため、プランニングの自由度とファサードの自由度が最も高い。

2. ブレースや耐震壁を設けると柱や梁のメンバーを小さくできる

　ブレースや耐震壁を設け、地震時の水平力をそれに負担させると、ラーメンが負担する曲げや剪断力が小さくなり、柱や梁のメンバーを小さくできる。地震時水平力を100％ブレースや耐震壁に負担させると、柱は軸力だけで良くなるため極端に細くでき、鉄骨無垢柱なども可能となる。耐震壁を設ける場合は偏心しないように全体のバランスも考慮することが大事である。偏心すると思わぬ大きな力が隅部の柱・梁にかかることがあるので、注意が必要である。

3. 制振構造や免震構造にすると揺れも小さくなる

　制振構造や免震構造にすると地震時水平加速度を小さくでき、結果水平力も小さくなるため、柱や梁の構造フレームは経済的となる。しかし免震構造では免震層周りの躯体の増加や免震装置やダンパーなどの設置費用とそのメンテナンス費用が必要となる。

4. 構造形式の選定は総合的検討による

　構造形式の選定に当たっては、RC造やS造などの構造方式と合わせて、用途やスパン、居住性、荷重条件やコストなど総合的に検討して決定したい。スパンが長いと梁や柱のメンバーは少し大きくなるが、柱本数が減り、基礎や杭本数も減り、コスト減になることもある。基礎形式も併せて検討したい（図）。

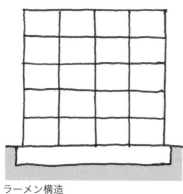

ラーメン構造

耐震壁付きラーメン構造

耐震壁

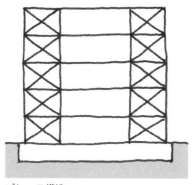

ブレース構造

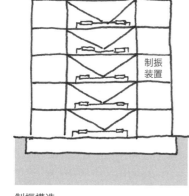

制振装置

制振構造

免震構造

図　構造形式

▶事務所ビルで経済性・効率を考えて柱スパンを決めた。大部屋で使うときは問題が無かったが、小部屋を配置するときに柱が邪魔になり、照明なども改修する必要が出てきた。

1. 使いやすい柱スパンにする

　建物には用途があり、その用途特有の使い方がある。その使い方に対応できるように柱スパンを決める必要がある。上記の事象は小部屋の配置や窓と天井照明器具など、柱スパンとの関係を考慮していなかったために使いにくくなった。

2. 建物用途にはモジュールがある

　建物用途ごとに、基本となるモジュールがある。事務所ビルでは小部屋の寸法と照明器具の位置と机配置で3m、3.6m、4mなど。駐車場では駐車スペース2.5m×5m。住宅では0.9m、1.8m、2.7m、3.6mなど。物流施設ではラックピッチやパレット寸法、フォークリフト運行幅員などを考慮する（図1、2）。

3. 無駄を少なくする材料モジュール

　床材や天井材などの既成仕上げ材料にはモジュールがある。尺貫を基本とした300mm、900mm、1800mm、2700mmなどが多い。このモジュールを考慮すると仕上げ材の無駄も少なくなる。

4. 構造的経済スパンを考慮する

　用途における最小モジュール、材料のモジュールを考慮した上で、その倍数を柱スパンとする。その柱スパンは構造方式によりRC造の場合は6〜10m、S造では10〜20mの範囲を考慮して決めたい。柱スパンを大きくすると基本的に梁成も大きくなり、階高や天井高さに影響することになる。小梁の配置も重要で、小梁に囲まれた面積が大きくなるとスラブや小梁のたわみも大きくなるので、確認が必要である（平成12告示第1459号参照）。

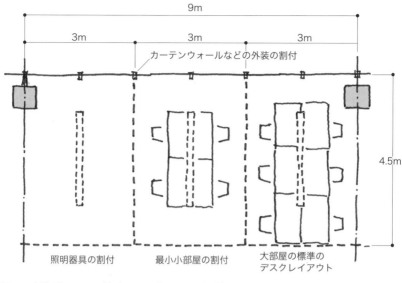

図1　事務所のスパン例（3m モジュールの場合）

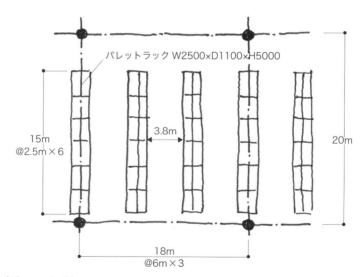

図2　倉庫のスパン例

▶都市計画区域では建ペイ率や容積率の制限及び建物の高さ制限がある。限られた敷地に最大限の床面積を確保するため、最小限の天井高さで階高を設定し、階数を増やした。天井高さが低くなり、テナントに不評で不動産価値が著しく低下した。

1.　建物用途に必要な天井高さの確保が大事

　事務所ビルでは天井高さは内部空間の広さや在館者密度とも関係する。空間が広いほど、在館者密度が高いほど天井高さを高く設定する必要がある。天井が低いと憂鬱な空間となり、業務効率にも影響する。また、天井高さは時代の変遷で推移している。50年前の一般事務室の天井は2.4m前後だったのが、今日では2.8m～3.0mとだんだん高くなっている。生産施設や物流施設、スポーツ施設などもその用途に応じた天井高さを確保しなければならない。

2.　床仕上げや天井懐は設備と整合させる

　階高を決める要素の一つに床仕上げと天井懐がある。床仕上げは防振のフローリングや、フリーアクセスにすることも考慮する。天井懐は設備機器や配管類、空調機のドレン排水の勾配などを考慮する。梁貫通を利用するか梁下を通すかなども含めて寸法を決めたい。また、天井を高くするために一部梁型を露出させることもあるが、基本はフラットな天井にしたい。S造では梁の耐火被覆も必要で、天井下地はその耐火被覆の下を通せるようにする。

3.　階高＝天井高さ＋天井懐＋スラブ厚＋床仕上厚

　天井高さと天井懐寸法、床のフリーアクセスの必要寸法が決まれば階高寸法は決まる。高層階になるほど梁成が小さくなる場合は、階高を調整することも可能である。特殊な階や用途変更が想定される階があれば、対応できるように予め見込んでおくのがよい（図）。

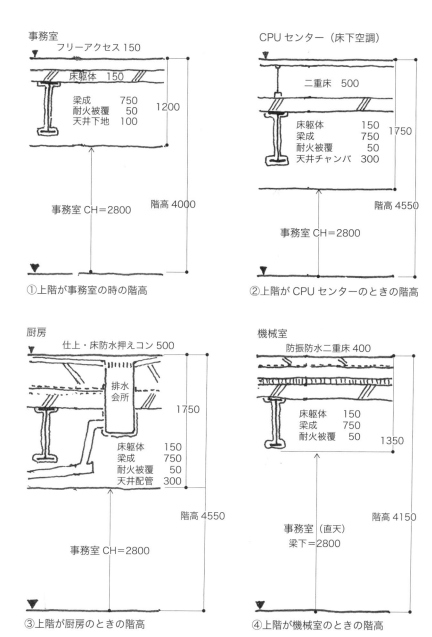

事務室
フリーアクセス 150
床躯体　150
梁成　　　　750
耐火被覆　　50
天井下地　100
1200
事務室 CH＝2800
階高 4000
①上階が事務室の時の階高

CPU センター（床下空調）
二重床　500
床躯体　　　　150
梁成　　　　　750
耐火被覆　　　50
天井チャンバ　300
1750
事務室 CH＝2800
階高 4550
②上階が CPU センターのときの階高

厨房
仕上・床防水押えコン 500
排水
会所
床躯体　150
梁成　　750
耐火被覆　50
天井配管　300
1750
事務室 CH＝2800
階高 4550
③上階が厨房のときの階高

機械室
防振防水二重床 400
床躯体　150
梁成　　750
耐火被覆　50
1350
事務室（直天）
梁下＝2800
階高 4150
④上階が機械室のときの階高

図　階高の設定例　（梁成はスパン約 12m 程度を想定）

▶事務所階の用途をレストランに変更しようとしたが、厨房部分の荷重が当初の荷重条件を超える変更であったために用途変更ができなかった。建築基準法で、建物各部の積載荷重は建築物の実況に応じて構造計算されなければならないとある。

1. 床の積載荷重は用途によって決められている

　床の積載荷重は建築物の実況に応じて計算して設定するが、次の用途は基準法に規定された数値を用いることができる。例えば住宅の居室は 1800N/m^2、事務室は 2900N/m^2 など。倉庫の場合は、積載荷重が軽いものでは 3900N/m^2 で、それより重い場合は実況に応じて設定しなければならない。大梁、柱、基礎構造計算をする場合や地震力を計算する場合は別途規定された数値を用いる（表）。

2. 実際の積載荷重を考慮する

　事務所の床の積載荷重は 2900N/m^2 であるが、重い特殊な機器などを置く可能性がある場合はその機器を設置する範囲を限定して、例えば 5000N/m^2 の積載荷重を見込む必要がある。積載荷重が局所である場合は大梁や小梁の上に置くなどの対応でも可能な場合がある。機械室などは実際の機械配置やその機器の重さを考慮する。

　その時は機械基礎の重さも一緒に考慮する必要がある。受水槽など特に重いものは要注意である。屋上に設備機械などを設置する場合や屋上緑化や太陽光発電パネルを設置する場合なども同様である。

3. 将来の用途変更も考慮する

　将来の用途変更が想定される場合や重荷重ゾーンを設定して対応する場合は、構造設計者と協議し、「あらかじめの検討」を設計図書に明記することが大事である。

4. 床荷重が偏在する場合は

　床面全体に荷重がかかる場合は基準法の規定通りで問題はないが、床の一

部に荷重が集中する場合はそれなりの検討が必要である。特に免震建物の場合は、荷重の遍在によって偏心が発生し、一部の柱の免震装置の変位が想定変位より増大することもあるので、検討が必要である（図）。

表　床の積載荷重（建築基準法・令第85条）

施　設	床の積載荷重（N/m²）			
	基準法の規定値		一般的推奨値	
屋上広場	一般 1900	学校・百貨店 2900	非歩行 980	機械置場 2900
住宅の居室	1800			
事務室	2900		電算室　4900	
店舗の売場	2900			
教室	2300			
映画館・劇場	固定席 2900	それ以外 3500		
廊下・階段・玄関	教室・百貨店・劇場 3500			
倉　庫	3900		書庫 7800	その他実況 ～15000
自動車車庫・車路	5400			
業務厨房			防水・保護コン・仕上・機器 5000	
浴　場			水深60cm 5000	
プール			水深150cm 12000	
機械室			4900	

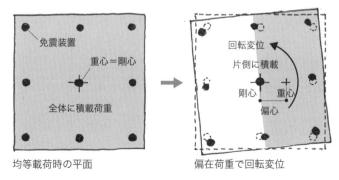

均等載荷時の平面　　　　　　　　偏在荷重で回転変位

図　床荷重の遍在で免震建物が回転変位する

▶ 建築主了解のもと設計図書をまとめ、確認を受けたが、着工後に、建築主から壁位置や壁種別の変更、床工法の変更等があり、計画変更申請を出したために工事が中断し、工期が遅延した。

1. 建築主の意向による変更対応としての「あらかじめの検討」

工事に着手してからの設計変更は計画変更申請が必要となり、確認審査が済むまで工事に着手できない。建築主との打合わせを通じ、設計段階で変更が見込まれる場合は、変更内容に対する「あらかじめの検討」を含めて確認を受ければ、そのまま施工できる。

2. 「あらかじめの検討」の事例

計画変更としてよくある事例に関しては、「あらかじめの検討」をしておくとよい。事例を以下に示す。

①杭の位置に関する検討

杭の施工誤差をあらかじめ見込み、想定する芯ずれ量に応じて基礎梁の配筋を検討する。芯ずれは 10cm 程度を見込むことが多い。基礎梁の補強は杭芯ずれのパターンによっては梁中央部にも及ぶので注意する（図1）。

②免震材料に関する検討

設計段階でメーカーを特定できない場合は、数社の免震装置性能値から設計基準を設定し、バラツキ検討の中で数社分の性能値をカバーする。

③鉄筋の継手工法に関する検討

採用の可能性のある工法をすべて列挙しておく。

④梁貫通孔の位置に関する検討

設計段階で貫通位置まで特定できないので、貫通ゾーンや貫通孔の間隔などのルールを明記する。補強は梁ウェブ耐力と同等とする。

⑤積載荷重に関する検討

重荷重ゾーンを設定すればその範囲で変更が可能となる。ただし、荷

重を過大に見積もると、浮き上がりや偏心の評価に影響するので、実際との差に注意する（図2）。

(注1) 耐力壁の位置の変更を許容するような「あらかじめの検討」は難しい。耐力壁や雑壁の変更は不可と考える。

(注2) 建築基準法68条の規定に基づく構造方法等の認定、及び、性能評価についても、「あらかじめの検討」内容も含めて性能評定等を受けることが可能である。

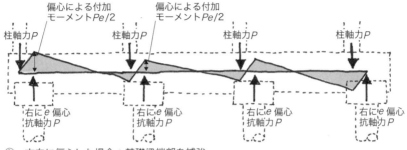

①一方向に偏心した場合：基礎梁端部を補強

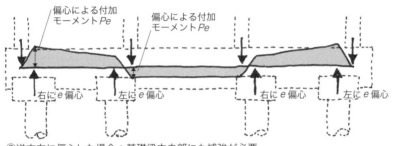

②逆方向に偏心した場合：基礎梁中央部にも補強が必要

図1　杭芯ずれに関するあらかじめの検討例

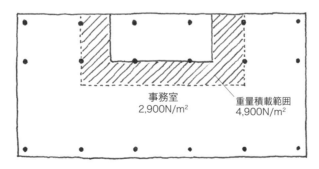

図2　積載荷重の範囲に関するあらかじめの検討例

008 敷地の近くに活断層が見つかった　　　　　　　地盤

▶ 敷地内に断層はなかったが、敷地近傍に活断層があることがわかった。活断層による建物への影響等を検討し、建物位置をずらすなど計画の見直しを行った。そのために工事着手が遅れて、事業計画にも影響を与えた。

1. 地盤調査は敷地周辺を含めて情報収集する

　設計に着手する前に必ず、「日本全国の活断層マップ」[注1] で敷地近傍には活断層がないことを確認する。また、震度 6 弱以上の地震が 30 年以内に起きる確率を示した「全国地震動予測地図」[注2] は、活断層ごとに将来起きる地震の強い揺れを予測することができ、地震のリスクが一目でわかる。

(注 1) 日本全国の活断層マップ（産業技術総合研究所）
　　　 www. imart. co. jp/katu-dansou-japan. html
(注 2) 全国地震動予測地図（JSHIS：国立研究開発法人防災科学技術研究所）
　　　 https://www. jishin. go. jp/evaluation/seismic_hazard_map

2. 正断層と逆断層は揺れ方が違う

　活断層とは内陸部にある断層で、そこで起きる地震は内陸地震といわれ、海の境界プレート部で起きる地震とは区別される。正断層では下がる側、逆断層では上がる側の揺れが大きい。また、横ずれ断層もある（図 1、2）。

3. 活断層上での建築は可能か

　活断層上での計画は避けるのが原則である。ただ、これまでの地震経験などから、影響範囲等が予測できれば、建物配置などに反映させることも可能である。計画に当たっては、必ず構造設計者と検討、協議をすることが必要である。

　日本は活断層が密集しており、いつかは動いて地震が起きる。例えば、大阪の上町断層の活動は 8000 年に 1 回といわれている。このような想定外の災害についても対策を施すことが考え始められ、断層変位対策には、地滑りや液状化などの地盤変状対策が有効である。数百年に一度の変位は剛基礎により変形を抑え、数千年に一度の大きな変形には、部分的に柔らかくして変形を吸収することが考えられている（図 3）。

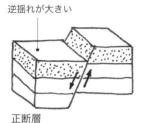

逆揺れが大きい

正断層

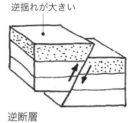

逆揺れが大きい

逆断層

図1　縦ずれ断層

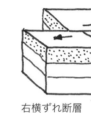

左横ずれ断層　　　　　　　右横ずれ断層

図2　横ずれ断層

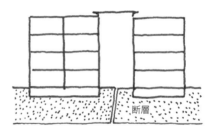

断層の上には建物をつくらない　　　　断層の上を吹き抜けにする

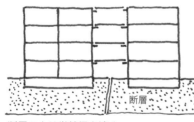

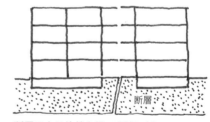

断層の上は単純梁を渡す　　　　　　　断層の上は片持ち梁で EXP. J に

図3　断層をまたぐ建物の例（断層の影響幅が小さいとき）

▶ 直接基礎を採用した建物が竣工して数年後に地盤と共に建物も沈下し、少し傾斜してしまった。どうも不同沈下したようである。どうして地盤沈下するのだろうか。

1. 大地は水と土とでできている

　大地は土があってその隙間に水が詰まっている。砂では体積の半分が水の入る隙間で、粘土では 2/3 が水と考えてよい。粒子の大きさで見ると砂は 2 〜 0.2mm、粘土は 0.05mm と粘土のほうが砂より遥かに細かいので隙間は少ないように思えるが、実際が逆なのは、粒子の形による。砂の粒子は球に近いが、粘土は平べったいフレーク状なので、隙間を大きくして水を蓄えることができる。土の隙間と水が地盤の変形を考える上で重要である。

2. 粘土層が問題となる地盤沈下を引き起こす

　砂も粘土も力を加えると沈むのは同じである。ところが粘土は水を含んだスポンジのように、押さえると隙間の水が押し出されて、その分、粘土が縮む。これを圧密沈下という。そして粘土の変形は、縮む量が大きいこと、縮むのに時間がかかることから、地盤沈下が大きな問題となる。力をうけてすぐに変形するのが砂で、じっくりと時間をかけて変形するのが粘土である。そのため建物竣工から何年も経過して地盤沈下の障害が現れる。

3. 地盤沈下の原因は重石の働きと地下水位の低下である

　粘土の水を絞り出して地盤を沈下させるのは重石の働きである。この重石には、地盤を嵩上げするための盛り土や、地盤の上に立てられた建物がある。さらに高度経済成長期に問題となった地下水の汲み上げによる地下水位低下がある。水の中の土は浮力分だけ軽いが、水がなくなればそれだけ重くなってその下の粘土の重石としては大きな影響を持つ。かつては地下水位の低下は公害問題であった。

4. 広域での地盤沈下問題は浸水である

　地盤沈下しても周り全体が同じように沈下する限り、隣地や道路との関係

が変わらなければ建物の使用に何の問題も起こらない。問題は河川の水面や海面との関係で、満潮時に橋や防潮堤が役に立たなくなる、台風時に埋立地や河岸または海岸近くの巾街地が浸水するなどの広域トラブルである。

5. 建物にとっての地盤沈下問題は傾斜や不同沈下である

直接基礎や摩擦杭基礎で、周囲の地盤が沈下しても建物が水平を保持したまま沈下すれば、構造上大きな問題とはならない。一例として、年間10cm程度の大きな沈下を生じても、地域全体の不同沈下量は2〜5mm程度であるので、30年続いても地表面の傾斜は建物の大きさからみるとわずかである。ところが埋め立てられて間もない敷地で過大な沈下が想定される場合や粘土層の厚さが一様でない場合、また、杭で支持される隣接建物の境界での地表面の変形が生じる場合などは、建物に傾斜や不同沈下の障害を生じることがある（図）。

6. 不同沈下は構造上にも使用上にも問題が生じる

不同沈下による構造上の問題は、相対的な変形が強制されることによる構造部材のひび割れや損傷がある。一方使用上では、建物と地盤の変形差による地下に埋設された設備インフラのトラブルや出入り口の段差の他、建物が傾斜することによる建具・家具の使用性、床の傾斜による居住性の問題がある。

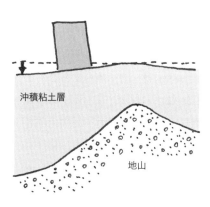

沖積粘土層の厚さが不均一

杭支持建物隣接での地盤傾斜

図　地盤沈下による地表面の不同沈下の例

▶地盤沈下が予測されたので対策をしたが、傾いてしまった。地盤沈下対策にはどのような方法があるのだろうか。

1. 地盤のトラブルを予防するには過去の経験を活かす

地盤沈下は当該敷地の地盤調査や近隣事例調査から予測・予防可能である。過去の蓄積のない新しい敷地や造成地については慎重な調査・検討が必要である。

2. 施工前の地盤沈下対策

粘土の圧密沈下は建物重量による増加荷重によって時間をかけて生じるので、施工前に地盤改良を終わらせておけば、竣工後の影響を小さくできる。最も一般的なのがサンドドレン工法で、軟弱な粘性土の地盤にパイプを用いて、砂杭を打設して排水することで圧密を促進する工法である。さらに建物重量の増加に見合った盛土載荷と併用される（図①）。

3. 地盤沈下の影響を避けるには建物を杭で支持する

地盤沈下が生じる粘土層を貫通して、その下の硬い地盤に杭を打って建物を支持する。この場合、杭には周辺の地盤沈下によって下向きの荷重が加算される（負の摩擦力という）ので注意が要る。また地盤沈下によって、建物周囲の地盤と建物との間に生じる段差についても使用上の不都合がないような工夫が必要である。もう一つの方法はパイルド・ラフト工法で、基礎地盤で建物を支持し沈下対策として杭を打つ方法である。埋め立て地全体のような広い場合は杭を支持する地盤よりも深い洪積粘土層の沈下の影響を受けることもある（図②、③）。

4. 地盤沈下に対して抵抗するのではなく、追従させる設計法もある

建物の基礎を浮き基礎（フローティング基礎）や摩擦杭として、建物の支持耐力を確保し、建物を周囲の地盤に追従して沈下させるように設計する。この場合は不同沈下が起こらないような注意が必要となる（図－④、⑤）。

5. 不同沈下量を修正する工法を採用する

不同沈下量をあらかじめ予測できない場合は沈下観測を行い、発生した不同沈下を基礎と1階床との間にジャッキアップ機構を設けて修正する工法もある。この場合基礎構造はベタ基礎などの剛性の高い構造とする（図－⑥）。

6. 盛土を支持地盤としない

盛土だけを転圧しても、その下の軟弱層が盛土の自重で沈下したり、地震時に液状化を起こす可能性があるので、盛土を基礎の支持地盤とすることは避ける。

施工前に地盤沈下を促進させて、竣工後の沈下を抑える。

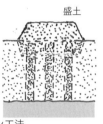

①サンド・ドレン工法

杭基礎で建物の沈下を防ぐ。地盤が沈下したら建物周囲と段差が生じる。

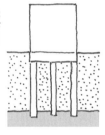

②杭基礎工法

基礎盤（ラフト）で建物を支持し、沈下対策として杭を追加する（パイルド）。杭基礎よりも杭を小さくできる。

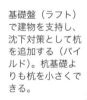

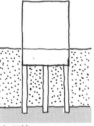

③パイルド・ラフト工法

摩擦杭では杭も地盤沈下と同時に沈下するので、建物周辺との段差は生じない。

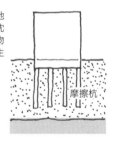

④摩擦杭工法

掘削土量と建物重量をバランスさせて、建設前後で地盤にかかる力を増大させない基礎工法である。

⑤浮き基礎工法

基礎底板を剛にして、地盤沈下による局所的な変形を拘束する。ジャッキアップ時の反力も処理できる。

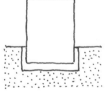

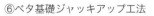

⑥ベタ基礎ジャッキアップ工法

図　沈下対策工法の例

地盤が液状化して建物が傾いた

▶ 小規模な軽量建物であったので直接基礎を採用したが、地震を受けて広い範囲で液状化が生じて建物が傾いた。

1. 液状化とは

地表面から20mまでの、地下水位よりも深い沖積層で、粘土成分の少ない（細粒度含有率が35％以下）砂層が地震などの振動を受けて、液状となるのが液状化現象である。液状化が生じると、砂の粒子が地下水の中に浮かんだ状態になって、水や砂を吹き上げる噴砂現象が起こる。

2. 液状化の被害

液状化した土は水の約2倍の重量を持った液体のようにふるまうので、浮力が増大して、比重の小さい地下埋設管やマンホールなどは浮き上がる。建物を支持する耐力も失われ、直接基礎では液状化による沈下と建物の傾斜が、杭基礎では液状化や側方流動による水平変形で杭が折れるなどの被害につながる。液状化によって土圧が増加するので、擁壁や地下構造物の 被害の可能性もある（図1）。

3. 液状化の可能性は液状化マップで確認できる

1964年の新潟地震の被害など、これまでの液状化発生の様子が一覧できる液状化マップもあるので、液状化の可能性について前もって把握しておくとよい。

4. まずは液状化の判定を行う

液状化判定は、小規模建物を対象にした簡易判定グラフを用いる方法や、地盤せん断力を計算して液状化指標 F_L 値、P_L 値や地盤変形 Dcy を求める詳細な方法がある。液状化判定は地盤調査の一環として地盤調査会社が検討を行うことが多いが、少なくとも構造計算の前提条件となる情報は、建築と構造の設計者は確認しておくべきである。木造住宅のように軽量な構造物では、地表から5mの深さまで検討しておけば十分で、地下水位が5mより深い場合は検討を省略してもよい。

5. 液状化の対策は

　液状化を起こさないようにする方法として、地盤を締め固める、薬液を注入する、地下水位を下げる、土の変形を抑える格子状地盤改良などの方法がある。また液状化の被害を低減する方法として、基礎を補強し杭基礎を用いて沈下や傾斜を防ぐ方法がある。この場合は地盤の変形に対して杭が損傷しないように補強しておく必要がある。ベタ基礎を用いた軽量な建物では液状化後の不同沈下に備えてジャッキアップ装置を設けることも考えられる（図2）。

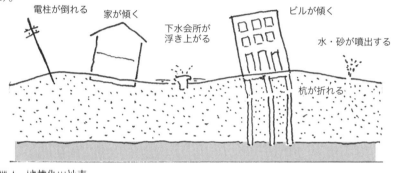

図1　液状化の被害

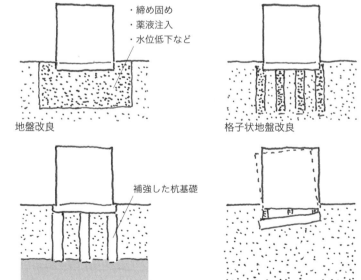

図2　液状化の対策

▶ 河川近傍の敷地に、杭基礎で建物を計画したが、地震の地盤変状により杭が折れ破壊した。また、直接基礎（ベタ基礎）の建物は地震後、10cm程度横移動し傾いたことがわかった。電力の引き込みや水道管等の設備インフラも被害を受けた。

1. 地震による地表面の変位（側方流動）は液状化が原因

　地震による地盤の液状化により、地表面の非液状化層が水平方向に変位することを側方流動と言う。側方流動には、地盤の傾斜による側方流動と河川や海の護岸の移動に起因する側方流動の二つのタイプがある。建築学会の基礎構造指針によれば、液状化の程度が甚大な指標として地表変位が40cmを超えるとされているが、側方流動の変位量は護岸そのものの移動量が支配的で、数メートルに及ぶことがある。護岸から離れると変位は減少する。例えば護岸近傍の変位が4mの場合は、護岸から4m離れると3.7m、40m離れると2m移動する。側方流動の変位量が大きくなると建物が敷地境界から越境することがあるので注意が必要である（図1）。

2. 側方流動による被害は土木的スケール

　側方流動は津波や土石流等と同様に土木的なスケールの被害であるので、ライフラインの被害が顕著で、個々の建物での対策は困難である。側方流動を起こしやすい地盤か否かを事前調査する。地盤の傾斜や河川や海の護岸近傍等で側方流動しやすい地盤については、側方流動の変位量を計算で予測することができる（表）。

3. 側方流動の対策は液状化対策程度しかできない

　側方流動の対策は不可能と言って良い。できるのは液状化したとき、地表の変位に追従して耐えるようにすることぐらいである。具体的な対策として基礎の補強と地盤の補強がある。基礎の補強については、液状化による地盤変状が建物に局所的な影響を与えないように基礎梁や基礎盤を剛強にすること、液状化地盤変形により大きな力を受ける杭の上部を鋼管補強するなどが

挙げられる。支持層より深いところで液状化の可能性がある直接基礎などの建物に生じた不同沈下に対してはジャッキアップ工法等を予め準備しておけば修復は可能である。地盤補強の方法については、「011 地盤が液状化して建物が傾いた」の項目を参照のこと（図2、3）。

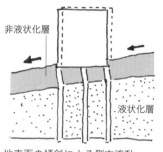

地表面の傾斜による側方流動

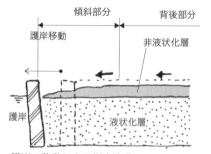

護岸の移動による側方流動

図1　側方流動の二つのタイプ

表　地表変位量

地表変位量（cm）	液状化の程度
0	なし
-05	軽微
05-10	小
10-20	中
20-40	大
40 以上	甚大（側方流動）

図2　杭の鋼管補強

図3　ジャッキアップによる修復

▶ 計画敷地内の既存建物を解体して、RC 造 5 階建て、延べ 5,000m^2 の建物を杭支持で施工した。竣工直後から建物が傾き始めて、外壁に大きなひび割れが発生した。

1. 杭が支持地盤に未達で建物が不同沈下した

　敷地内に既存建物が残っていたため、その部分を除いて地盤調査をしたので、支持地盤に傾斜があることを見抜けなかった。既存建物の部分の杭が支持地盤に到達せず不同沈下を起こし、建物が傾斜して外壁に大きなひび割れが発生した。杭未達の原因は、既存建物があった地点のボーリング調査を行わなかったことと、その調査不足の地点を試験杭で先に確認しなかったことで、支持地盤の傾斜を見抜けなかったことにある（図）。

2. 地盤調査の調査項目と箇所数

　地盤調査は構造設計者の指示により、地質調査会社が敷地調査計画書を作成し、それに基づいて調査をする。調査中に敷地に盛土や切土の混在や支持層に傾斜や変化があることが判明した場合は、調査会社は構造設計者と協議をしてボーリング箇所を追加して調査する。特に敷地が広い場合は、周辺の地形を考慮して綿密な地盤調査をする必要がある。公共建物では、ボーリング調査の実施個所は、一般的に計画建物の四隅と対角線が交わる中央の計 5 か所で実施している。

3. 支持層への到達確認

　杭工法には打込み杭工法、埋込み杭工法、回転式杭工法、場所打ち杭工法等ある。市街地では騒音規制法、振動規制法により規制されているため、打込み杭工法はほとんど採用されない。杭施工業者は杭工事の施工計画書に基づき施工して、杭が支持層まで到達したことの確認をして、施工記録書に記載して残す。埋込み杭工法や回転式杭工法は掘削抵抗値や回転抵抗値の測定（オーガ駆動電流値、積分電 流値等）で支持地盤への到達を確認する。

4. 本杭の施工に先立ち試験杭を打設する

　試験杭は支持層を確認するための杭のことで、本杭を兼ねて最初の一本を試験杭とする。試験杭は本杭に比べて 1 〜 2m 程度長くするのが一般的である。建物規模が大きくなると複数個所で試験杭を打つ。設計図書に指示がある場合は、試験堀により支持層のサンプルを採取し、ボーリングデータと比較して、支持層を確認する。

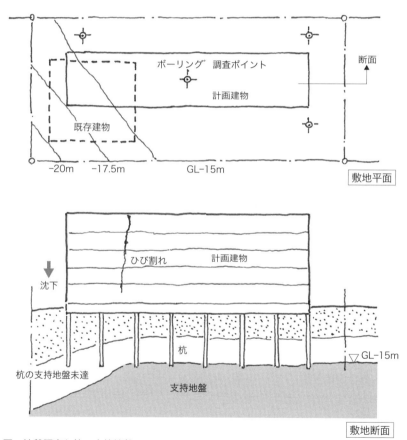

ボーリング 調査ポイント

計画建物

既存建物

断面

-20m　-17.5m　GL-15m

敷地平面

ひび割れ　　計画建物

沈下

杭

杭の支持地盤未達

支持地盤

▽ GL-15m

敷地断面

図　地盤調査と杭の支持地盤

014 枠組工法は大きな改造ができない 木造

▶住宅の窓が小さいので大きくしたいと改造を頼んだが、枠組工法(2×4工法)だからできないと言われた。木造の構造方式は大きく二つあり、在来型を基本とした軸組工法と、パネルで組み立てていく枠組み工法がある（図1）。

1. 軸組工法とその特徴

　RC基礎の上に木の土台を設け、木の柱や梁を組んで骨組みとし、筋交いや構造用合板張りの耐震壁などを配する。屋根は小屋梁に束を立て母屋を配する。この屋根を支える部分は木造トラスとすることもある。構造の柱を表し仕上げとして意匠的に見せる納まりの真壁仕様と、柱を壁の中に納める大壁仕様がある。特徴は耐震に必要なブレースや耐震壁を一定の基準の量(長さ)を確保すれば、残りの壁部分は開口部を自由に設けることができ、開放的な空間をつくることができる点である。

2. 枠組工法とその特徴

　土台までは軸組工法と同じ。その土台の上に、工場で製作してきた木軸の入ったパネル（片面合板張り）を組み立てて空間をつくっていく。床や天井、屋根もパネルで構成されている。特徴は壁や床のほとんどがパネルで構成され、そのパネルが地震の水平力に抗するので耐震性が高いことが挙げられる。もう一つは、パネルを組み立てるだけなので、工事期間が軸組工法より短い点である。軸組工法に比べて壁量が多い分、断熱性や気密性を確保しやすい利点もある。CLT部材を壁パネルや床パネルに使うCLT工法もある。

3. 木造の構造設計

　木造の構造設計では、住宅等の規模の小さな建物（4号建物）に対しては、壁量計算だけで済ますことが出来る。壁量計算に用いる壁仕様は壁倍率の大臣認定で審査されるので使用材料の制限はない。一方壁量計算に持ち込まない（壁倍率の認定のない、木造ラーメンなど）場合には構造計算が必要で、使用材料についてもJIS、JAS材などの制約がある。

84　　第2部　トラブル予防のツボ

4. 枠組み工法は改修しにくい

　枠組工法はパネルの壁で構成されている。その壁が、地震の水平力を負担している。壁が他の壁とも接合され、壁自身も倒れないようになっていて、さらに2階の床や屋根を支持するため、それらと強く接合されているので、大きな改修は困難である。また、住宅メーカーでは型式認定のものが多く、それらも改修などは困難な場合が多い。木造の構造の計算ルートは図2の通りである。

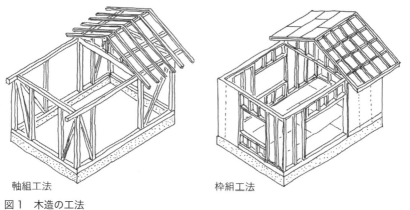

軸組工法　　　　　　　　　　　　　　　　枠組工法

図1　木造の工法

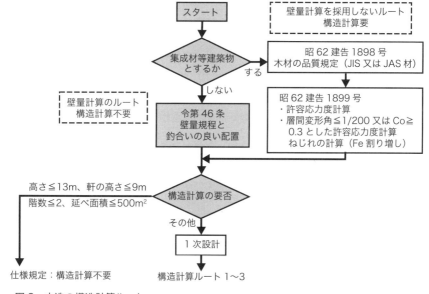

図2　木造の構造計算ルート

 の図中テキスト

スタート

集成材等建築物とするか

壁量計算を採用しないルート
構造計算要

する

昭62建告1898号
木材の品質規定（JIS又はJAS材）

しない

壁量計算のルート
構造計算不要

令第46条
壁量規程と
釣合いの良い配置

昭62建告1899号
・許容応力度計算
・層間変形角≦1/200又はCo≧
0.3とした許容応力度計算
ねじれの計算（Fe割り増し）

高さ≦13m、軒の高さ≦9m
階数≦2、延べ面積≦500m²

構造計算の要否

その他

1次設計

仕様規定：構造計算不要

構造計算ルート1～3

▶木造建物の床下の土台や柱で、シロアリがいたり、表面が腐朽していたりしたら危ないとわかるが、表面に現れていない腐朽や劣化もある。そんな木造部材の劣化調査はどのようにするのだろうか。

1. まずは簡易調査を

　木造の軸組などで見えている部分は大丈夫でも、床下や天井懐、小屋裏など普段見えない部分は心配である。まずは木造の簡易調査として目視検査や打音検査を行えば劣化しているかどうか分かる。

2. 腐巧や劣化調査は専門会社に依頼

　木造の劣化が想定される場合は、専門会社に調査を依頼することになる。調査では次のような測定がなされる。

①ピン打ち込み測定：木材に鋼製の貫入ピンを一定の力で打ち込んだ時のピンの貫入深さにより腐朽部分を検出する（図－①）。

②超音波測定：超音波の伝播時間により木材内部の腐朽部分を検出するものである。腐朽した部分があれば伝播時間が長くなる。

③ドリル貫入抵抗測定：直径 1.5mm のシャフトの先に 3mm 幅の錐が付いた特殊合金ドリルを一定の速度で木材に貫入させ、その際ドリルが受ける内部抵抗を波形グラフとして出力して判定する（図－②）。

④含水率測定：含水率は木材の物理的、機械的性質に密接に関係しており、劣化診断に限らず木材の試験では必要不可欠の項目である。

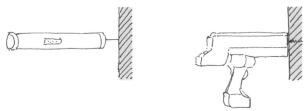

　　①ピン打ち込み（ピロディン）測定　　②ドリル（レジストグラフ）貫入抵抗測定

図　木造の調査機器

劣化調査の結果をもとに修理を実施することになるが、合わせて耐震診断も実施し、修理・改修は一度にまとめて行いたい。

COLUMN　伝統木造の屋根

　薬師寺東塔の修理が完了して久しぶりに東西両塔が並んで姿を現している。この東西の三重塔の最上層の屋根の形の違いに気が付いているだろうか。当初の形に復原された西塔の白鳳の軽やかな屋根と江戸時代に改修された東塔の屋根は鮮やかな対照を示している。

　唐招提寺金堂の重厚な屋根のイメージは元禄の改修によるものである。天平の軽やかな屋根がこの時に 2.8 メートル高くなりその分、屋根が厚くなった。その理由として、勾配を大きくして屋根本来の機能である雨水の排水性を高めることや外観を大きく見せたいという格好の他に、桔木補強を施すための屋根内スペースの確保などが指摘される。

　法隆寺五重塔、法隆寺東院夢殿など江戸時代の改修で屋根を大きくする例は多くみられる。補強のために屋根を厚くすることは、案外人々の感性に添っているのかもしれない。

西塔
昭和 56 年
西岡常一復元

東塔
江戸改修

図 1　薬師寺東西塔の屋根の形
　　　最上層の屋根の形に注目

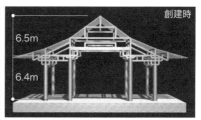
創建時
6.5m
6.4m

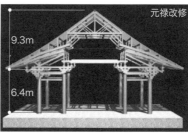
元禄改修
9.3m
6.4m

図 2　唐招提寺金堂の屋根の形
　　　江戸改修で屋根が 2.8m 大きくなった

▶ 木造住宅の完成後 10 年経ったので点検を行った。床下にアリの糞のような ものを見つけたので一部壁の足元を剥がしてみた。土台と柱の仕口部や柱の 足元の接合金物の周りがシロアリに侵されていた。

1.　木造の劣化対策　防蟻処理は GL ＋ 1m まで

　木造では劣化対策は重要である。建築基準法施行令第 22 条では、最下階 の居室の床が木造の場合、直下の地面からの床高さは 45cm 以上とし、外壁 の床下部分には壁長さ 5m 以下ごとに面積 300cm^2 以上の換気口の設置を定 めている。また、施行令 49 条では外壁内部等の防腐措置等として、軸組が 腐りやすい部分に防水紙の使用や、柱・筋かい及び土台の地面から 1m 以内 の部分の防腐・防蟻措置を講じなければならないとしている（図）。

2.　防蟻防腐の薬剤措置には工場処理と現場施工がある

　防腐・防蟻処理には、管理された工場で密閉されたタンクの中で加圧して 薬剤を浸透させる加圧式処理と、現場で塗布する現場処理がある。前者は 薬剤が木部の内部まで浸潤するため、効果は 30 〜 40 年以上と長い。また、 接合部を加工した木材を処理するため、隙間なく確実に浸潤できる。一方 現場施工は木材が組み上がってからの塗布が一般的で、浸潤度は低いため、 10 数年程度の耐久性となる。また仕口部や接合金物部は薬剤が届きにくい。 現場塗布の場合、緑色薬剤の方が塗布漏れを目視しやすい。

3.　長期優良住宅では劣化対策も重要

　長期優良住宅では住宅性能表示制度による建物の評価項目の劣化対策等級 3（構造躯体が 3 世代 75 〜 90 年もつ程度）の基準に適合させる必要があり、 加えて、床下空間の有効高さ確保と床下・小屋裏の点検口設置が基準となっ ている。

　具体的には、土台は水切りを設けた上で、K3 以上の薬剤処理（工場処理） をするか、または耐久性区分 D1 のうちのヒノキ等の高耐久樹種を用いなけ ればならない。

外壁の軸組（地面から 1m 以内）は K3 以上の薬剤処理（工場処理）にするか、または通気構造等にした上で、防腐防蟻薬剤処理（現場処理又は工場処理）するか、または D1 の小径 12.0cm 以上の部材を使用するなどが必要である。

・K3の薬剤処理

JISK1570 に規定する木材保存剤を用いて辺材部の浸潤度が 80％以上で、かつ、材面から 10mm までの芯材の浸潤度が 80％以上であること。

・耐久性区分 D1

日本農林規格 JAS の樹種でヒノキ、スギ、ヒバ、クリ、ケヤキ、カラマツなどを言う。

4. ヤマトシロアリだけではない

地面から 1m までの防蟻処理は、ヤマトシロアリ対策を主としているが、輸入家具や輸入木材で侵入したアメリカカンザイシロアリは湿気の無いところでも生息するため、小屋裏でも被害が発生している。地盤面の防蟻処理と合わせて、軸組全体で防蟻防腐をするのがよい。

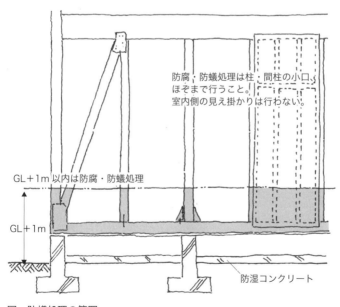

図　防蟻処理の範囲

▶RC 造の建物の寿命は 60 年以上といわれているが、現代では 30 年で建替えられることもある。寺社建築などの伝統木造や京町家なども腐朽・劣化するのに、築後数百年になる建物も珍しくない。なぜ伝統木造は長持ちしているのだろうか。

1.　木造の腐朽しやすいことを考慮していた

　高温多湿の日本で伝統木造は腐朽に対応する知恵を持っていた。まずは腐朽しにくい材料を使用する。材料は十分乾燥させて使用する。雨に対しては大きな屋根や庇を設け木材を雨掛かりにしない。湿気がこもらない高床とし、風通しを良くする。このような腐朽対策を行っても腐朽することはあった。

2.　傷んだ箇所が分かりやすい

　木造の損傷箇所の多くは接合部と湿潤になりやすい部位に限定できる。接合部はいろいろな力が集中し、断面欠損もあるため損傷しやすい。湿潤になりやすい部位は腐朽菌が繁殖しやすい。木造では痛む箇所があらかじめ特定でき、しかも多くが目視で観察できるため、タイムリーな補修も可能である。

3.　傷んだ部位を繕いやすい

　傷んだところだけを局所的に繕いやすいのが木造の特徴でもある。

　①木材が軽く建物も軽い：柱を補修するには柱の負担荷重を仮受けする必要がある。建物重量が大きくない木造は仮受けが容易で、必要であれば、全体をジャッキアップして不同沈下修正や曳家なども可能である。

　②部材を接合する技がある：部材を部分的に取り替えるには、取替部分と残りの健全部とをうまく接合する技術を要する。これには、金物を使わない仕口や継ぎ手の嵌合接合に関する伝統的な大工の技が生かされる（図）。

4.　修理のサイクルが確立されていた

　日本の伝統的な社寺建築では、定期的にまず屋根の葺替えを行い、併せて必要に応じた修理補強を順次施すという修理のサイクルが確立されていた。

すなわち補修箇所があらかじめ段階的かつ必然的に設定されている。そして柱や梁それに多くの組物を解体して修理できるという手当の容易さが、現代の建築にはない大きな特徴であり、千年以上の耐用を可能にしている。

5. 木造では移築転用や改修も古くから行われてきた

建物の長寿命化の一手法として最近話題の移築転用については、平城宮の朝集殿を移築した唐招提寺講堂の例に見られるように、解体組み立てが可能な伝統木造の世界では移築転用という形で古くから行われてきた。

建物を長持ちさせることは持続可能な社会や環境面、資源有効活用の面からも重要である。スクラップ＆ビルドの現代建築もこれらの事を大いに参考にしたい。損傷部材取り替え思想に基づく現代の制振・免震構造でこのような配慮が十分になされているかは疑問ではないだろうか。

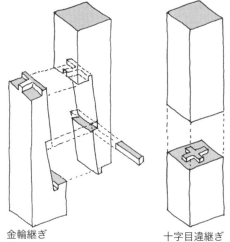

金輪継ぎ　　　　　　　十字目違継ぎ

図　木造柱の根継

COLUMN 　**建物を長持ちさせるということ**

建物を長くもたせるには、大事に使って、傷んだところはきちんと繕うという極めて当たり前のことが基本となる。日本の伝統的な寺社建築がよくも千年以上持ってきたものだと言われる。これには、東京大学名誉教授坂本功先生の「昔の大工は千年もつ建物を造ったのではない。千年もたせる価値のある建物を造ったのである」があたっている。建物を長くもたせるものは、第一にその建物自身の価値や魅力である。その建物と歴史に共感して、それぞれの時代の人々が次の世代に残すべく努力してきた結果なのである。

▶木造の戸建住宅で1階のアルミサッシの引違い掃き出し窓がだんだん動かなくなった。

1. 木造の梁はクリープする

　木造の住宅で、十分乾燥した梁が用いられているにもかかわらず、その梁がクリープを起こしたのが原因である。クリープを起こすのは木造の特色でもあり、梁の自重を含め、積載荷重が長期にわたってかかるとその変形（ひずみ）が残ってしまう現象である。梁の中央部が最大のひずみとなり、それが梁下のサッシ枠を下へ押し下げたためにアルミの引違い窓が動きにくくなった（図）。

2. 木造の梁のクリープ対策は

　木造の梁のクリープをなくすには梁中央部を引っ張り上げ、荷重を受けても下に変形（ひずみ）しないようにすればよいのだが、実際は困難な場合がほとんどである。梁の一般的なクリープ変形後のたわみは長さ（スパン）の1/300程度である。梁がクリープすることを受け入れて、その変形をサッシ枠の取り付け部で吸収するような納まりにする。

3. 木造の柱もクリープする

　木造の柱もクリープする。梁のクリープは曲げ変形であるが、木造の柱の場合は圧縮変形であり、いわば柱が短く縮むのである。それは1/1000程度と小さい。

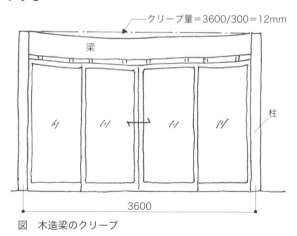

図　木造梁のクリープ

COLUMN 五重塔の心柱

　地震で壊れたものはないという五重塔の不倒神話は、多くは心柱と結び付けられる。通し柱がないため、塔の各層は図1のようにバラバラの方向に動くことができ、そこから互いに揺れを打ち消すことが期待される。心柱の役割は、各層が大きく変形した時にカンヌキのように働いて揺れを抑えることであると考えられている。

　そもそも心柱は相輪を支えるもので、いわゆる柱としての役割はない。心柱は、7世紀末法隆寺五重塔の掘立て形式、10世紀醍醐寺五重塔の心礎形式、14世紀明王院五重塔初層天井梁による支持形式、19世紀日光東照宮五重塔の吊り形式と変遷を重ね、現在新築される多くの塔の心柱は東照宮と同じ吊り形式が採用されている。これは、図2のように、周りの構造体が梁の曲げ変形で下方にたわむのに、負担荷重が小さく木材の軸方向に縮まないため、頂部で変形差のため雨水が侵入して建物を傷める不都合を解決するための工夫である。

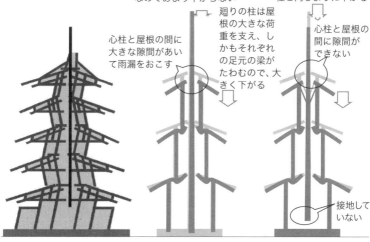

心柱は相輪を支えるだけなのであまり下がらない

心柱と屋根の間に大きな隙間があいて雨漏をおこす

廻りの柱は屋根の大きな荷重を支え、しかもそれぞれの足元の梁がたわむので、大きく下がる

吊られた心柱は廻りの柱と同じように下がる

心柱と屋根の間に隙間ができない

接地していない

通し柱がない五重塔は地震の時、各層が独立して動く。心柱は各層がバラバラにならないように束ねる働きをしていると考えられている。

掘立て心柱
または心礎の上に建つ心柱

二重梁でとまる心柱
または
吊り下げられた心柱

図1　五重塔のスネークダンス

図2　縮まない心柱

木造住宅は2階の音がよく聞こえる　　　　木造

▶在来工法の2階建て木造住宅では2階の歩行音や騒音が1階によく聞こえるという不満が多い。しかも床材すべてが燃える建材であり、火災になると2階の床はすぐに燃え抜けるのである。遮音性を確保した防火性のある床はできないのだろうか。

1.　木造の床

　木造の2階の床は梁や桁の上に厚手の合板を張ってフローリングで仕上げるのが一般的である。少しマシな住宅でもグラスウールなどの吸音材を床下に入れて、天井を石こうボードにするぐらいのものである。グラスウールは吸音の効果はあるが、遮音には効かない。床の剛性不足と遮音性の不足が騒音の要因である（図1）。

2.　2階の床の剛性を高め、遮音性を確保する

　床の剛性を高めるには床を支持する梁や根太の成を充分大きくとり、床材をある程度の重量があるものにするとよい。具体的には床に軽量コンクリートを採用する。この時、地震力に対する検討をし、壁量を増やすなどの対応は欠かせない。

　床の剛性を高めて遮音性は良くなるが、部材の振動は残るので、床の軽量コンクリートの下地合板の上に、防振ゴムシートを敷くと床材の振動が伝わりにくくなる。また、1階の天井に2階の床振動が伝わらないようにするのも大事である。天井下地は床梁から吊る場合は防振吊りとするか、床梁と別に吊木受けを設けて天井を吊るのがよい。更に天井内には吸音材を敷き詰める（図2）。

※床に軽量コンクリートを採用する場合は木造在来工法で新築する場合の例であり、改修においては構造体や関連する部分の確認が必要なため、用いてはならない。ハウスメーカーの型式認定の住宅でも同様である。

3.　床の防火性について

　2階の床に軽量コンクリートを用いることで、2階床の防耐火性能は確保

されるが、1階からの火災に対しても防火対策が必要である。床梁などを防火とする考え方もあるが、床全体を天井で防火する考え方の方が合理的である。防火天井材として強化石こうボードを2重張りにすることで、防火性を確保できる。

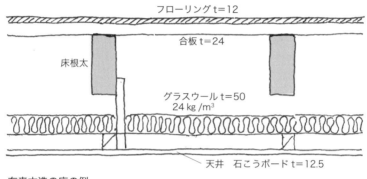

フローリング t=12
合板 t=24
床根太
グラスウール t=50
24 kg /m³
天井　石こうボード t=12.5

図1　在来木造の床の例

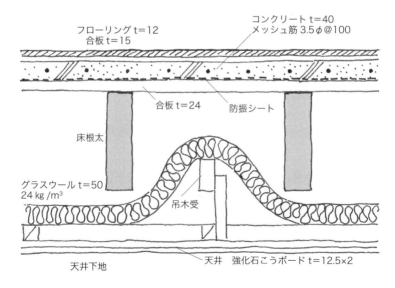

コンクリート t=40
メッシュ筋 3.5φ@100
フローリング t=12
合板 t=15
合板 t=24
防振シート
床根太
グラスウール t=50
24 kg /m³
吊木受
天井下地
天井　強化石こうボード t=12.5×2

図2　遮音・防火性を高めた床の例

020 # 木造架構なのに「あらわし」にできない　　　木造

▶木造なのに防火のために「あらわし」にできないという不満があった。基準
法改正（2019 年 6 月施行）で、木造建築推進のため、木造建築物に係る制
限の合理化（性能規定化）が図られた。木造の「あらわし」はどこまで可能
になったのか。

1.　あらわしを可能とする燃えしろ設計

　「燃えしろ設計」とは、平成 12 年・平成 16 年告示により、火災時に構造
耐力上主要な部分である柱及び横架材の表面部分が燃えても、燃え残った部
分の有効断面が構造耐力上支障ないということを、許容応力度計算にて確か
める設計手法である。これにより木造準耐火建築では構造部材の木材をあら
わしにすることができる（図）。

2.　4階建ての建築物を木材「あらわし」で設計が可能に（法21条第1項）

　法 21 条の改正で耐火建築物にしなくてもよい木造の建築物の範囲が拡大
した。主要構造部を「通常火災終了時間に基づく構造（火災時対策準耐火構
造）」にすれば、耐火建築物にしなくてもよい。高さ 16m を超える木造建築物、
または、地階を除く階数 4 以上の木造建築物は、その主要構造部を国土交
通大臣が定めた構造方法（告示仕様）または大臣認定を受けた構造方法」に
すれば、燃えしろ設計により木材を「あらわし」で見せることが可能となっ
た。今までの 60 分準耐火構造に 75 分や 90 分の準耐火構造が追加され、75
分準耐火構造は 1 時間耐火構造と同等である。具体的な構造方式の仕様は、
告示第 193 号の規定による（表 1）。

3.　防火地域及び準防火地域内の建築物（法61条）

　防火地域内で階数 3 以上、または、延べ面積 100m² 超、準防火地域内で
階数が 4 以上、または、延べ面積 1500m² 超の建物は、耐火建築物か延焼防
止建物のいずれかに、また、防火地域内で階数が 2 以下で延べ面積 100m² 超、
準防火地域内で階数が 3 で延べ面積 1500m² 以下、または、階数が 2 以下
で延べ面積 500m² から 1500m² 以下の建物は、耐火建築物、準耐火建築物、

準延焼防止建物のいずれかにしなければならない。「準耐火建築物」や、開口部の防火性能を高めて外部からの「もらい火」を防ぐ「延焼防止建築物」にすれば、建物内部の柱や梁は燃えしろ設計により木材をあらわしの仕上げにすることができる（表2）。

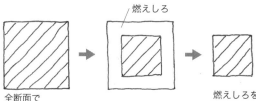

燃えしろ

全断面で
長期荷重を支える

集成材等の燃えしろ
（フェノール樹脂使用）
45 分準耐火 : 35mm
1 時間準耐火 : 45mm
75 分準耐火 : 65mm

燃えしろを差し引いた断面に長期荷重が
生じた時の応力度が短期許容応力度を
超えないことを確認する

図 燃えしろ設計のフロー

表1 4 階建て木造建築物の例 （令和元年国交示 第 193 号）

主要構造部等への要求性能						条件となる仕様			
主要構造部		防火設備		SP 設備	自動火災報知設備	区画面積	内装制限	敷地内通路の幅員	立地
壁、柱など	階段室の壁	外壁開口部 ※2	内部の区画開口部						
75 分準耐火構造	90 分準耐火構造	20 分防火設備	75 分防火設備	あり	あり	（時間閉鎖）200m² 以下（随時閉鎖）500m² 以下	天井のみ準不燃材料	3m 以上	用途地域

※1：可燃物量の多い倉庫、自動車車庫等（法別表第1（5）、（6）項用途）を除く。
※2：他の外壁の開口部から火災が到達するおそれがある開口部に限る。

表2 3 階建ての耐火建築物相当 （防火地域・準防火地域の 1500m² 超の建築物）
（令和元年国交示 第 194 号）

用途	主要構造部等への要求性能				条件となる仕様			
	外殻		内部					
	外壁	外壁開口部の防火設備	間仕切壁、柱など	延べ面積	外壁開口部の防火設備		SP 設備	区画面積
共同住宅、ホテル等 ※2	90 分準耐火構造	20 分準耐火構造	60 分準耐火構造	300m² 以下	セットバック距離 s に応じた開口率制限 $S \leq 1 \to 0.05$ $1 < s \leq 3m$ $\to s/10–0.05$ $3 < s \to 0.25$		あり	100m² 以下
物販店舗	90 分準耐火構造	30 分準耐火構造						500m² 以下
事務所／劇場等／学校等／飲食店 ※3	75 分準耐火構造	20 分準耐火構造						500m² 以下
戸建住宅	75 分準耐火構造	20 分準耐火構造	45 分準耐火構造	200m² 以下			なし	なし

※1：可燃物量の多い倉庫、自動車車庫等（法別表第1（5）、（6）項用途）を除く。
※2：法別表第1（2）項用途
※3：法別表第1（1）、（3）又は（4）項用途（物販店舗以外）

▶日本の森林再生や、地方創生のまちづくりとして都市木造が注目を集めている。木造の耐火建築物で中高層建物をつくりたいが、どのような方法があるか。

1.　木造耐火建築物にすれば中高層建物は可能

　国土交通大臣の認定を受けた構造方式や耐火性能検証法による木造耐火建築物にして、火災が発生し内装仕上げ材や収納可燃物が燃えても主要構造部が燃えないように耐火構造とし、燃えぬけにより倒壊しないように防火措置を施せば、中高層や不特定多数の人が利用する建物を木造で建設することが可能である。

2.　木造の耐火構造の設計と方策

　木造耐火建築物の設計は主要構造部を国土交通大臣が定めた構造方法（告示仕様）または大臣認定を受けた構造方法とするルートA（図1）のほかに、耐火検証法によるルートBや高度な検証による耐火性能評価で大臣認定を得るルートCもある。

　木造の柱・梁の耐火構造の方策には、被覆型と燃え止まり型及び鉄骨内蔵型（鉄骨造＋木造）の3つがある。被覆型は木構造部材を強化石こうボードなどで耐火被覆したもの、燃え止まり型は表面仕上げが燃えても木構造部材が燃えないように燃え止まり増を設けたもの、鉄骨内蔵型は火災時、燃えしろ木材は燃焼するが、内部の鉄骨が熱を奪い木材が燃え止まるようにするものである。それぞれ個別に1時間や2時間の耐火認定を受けて中高層建築に使われている。CLTなども両面を石こうボードなどで被覆した2時間耐火の個別認定を取得したものもある（図2）。

3.　高層木造に必要な耐力と剛性は混構造で確保する

　高層化によって部材の負担する荷重も増大するので大きな耐力が必要となる。現在では五重塔の心柱や古代寺社で用いられた大径木の部材は調達が困難であり、CLTなどの技術開発で必要な大耐力部材が実用化されている。

建物の変形を抑える剛性は、木材にこだわらず鋼材や制振ダンパーを組み合わせることで確保できる。また、長スパンに有利なS梁や耐震壁としてのCLT、剛性のあるRC床などと木造耐火の柱などを組み合わせた混構造などの事例もあり、木造耐火の高層化へのプロトタイプともいえる（図3）。

図1　木造耐火構造の仕様・4階建ての場合（ルートA・法2条七号、建告第1399号）

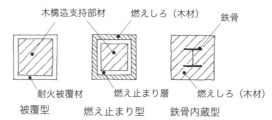

被覆型　　　　燃え止まり型　　　鉄骨内蔵型

図2　木造耐火構造の方策

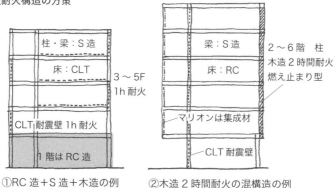

①RC造＋S造＋木造の例　　②木造2時間耐火の混構造の例

図3　木造耐火の混構造の例

▶木造の耐震規定は地震の度に改定されている。40年前に新築した木造住宅だが、耐震壁量が一部基準を満たさないことがわかった。

1.　木造建築の耐震設計法は大地震による建物被害の歴史とともに変遷

　1923年の関東地震により1924年に耐震規定が改正。1944年の東南海地震、1946年の南海地震および1948年の都市直下型の福井地震を契機に1950年に建築基準法が施行された。1959年には耐震規定も新たに整備され、壁量設計法が示された。さらに1964年の新潟地震、1968年の十勝沖地震および1978年の宮城県沖地震と相次ぐ大地震の被害から1981年には建築基準法の大改定が行われ、新耐震設計法が確立し、必要壁量が割増されることとなった。1995年の阪神・淡路大震災の経験をもとに2000年の建築基準法の改正では、性能規定化が進むなか壁量配置や仕口規定など耐震性能に対して根本的な改正も実施されている（図1）。

2.　4号建物（構造計算を要しない小規模木造）の必要壁量は2倍に

　住宅のような小規模な木造建物では、壁量計算という簡易な耐震計算法が用いられて、構造設計の専門家でなくても計算できる。この壁量は、昭和25年以来逐次改定されている。例えば、当初の昭和25年と最新の昭和56年を比較すると、2階建建物の1階に必要な壁量は、重い建物では、床面積 $1m^2$ あたり、16cm から 33cm へ、軽い建物では、12cm から 29cm へと2倍以上増加している（表）。

3.　壁量計算の元になる壁倍率の基準強度は2000年に法改正された

　2000年の法改正までの壁量計算の考え方は、壁倍率1の壁耐力を1m長さあたり130kg（＝ 1.27kN）とし、必要な壁長さは、地震力の2/3を壁で負担、残りの1/3は計算外の構造要素で負担できるものとして必要な地震力を低減していた。2000年の法改正で、大臣認定の壁倍率評価を民間に開放するにあたって、壁倍率評価方法を規定し、壁倍率1の壁耐力を1m長さあたり200kg（＝ 1.96kN）とした。これは、1/3の計算外の耐力を期待しな

いように、必要な壁耐力を 1.5 倍したものである。また壁倍率評価では、単なる短期許容耐力ではなく保有耐力計算に用いる大きさの地震力に対しても限界変形に収まるような配慮も加えられている。建物の各階、各方向について、建物外形長さを 4 等分し、その両端部分にある壁量とバランスをチェックすることで偏心率計算を代行する 4 分割法の計算方法がある（図 2）。

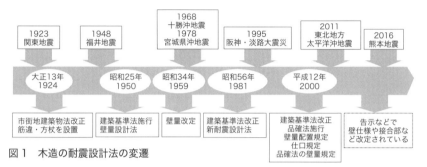

図1　木造の耐震設計法の変遷

表　必要壁量の変遷 壁量 = 床面積 m² あたりに必要な壁の長さ cm

| 建物の種類 | 制定年 | 平屋建 | 2 階建 | | 3 階建 | | |
			1 階	2 階	1 階	2 階	3 階
瓦葺きなどの重い屋根、土蔵造などの重い壁の建物	昭和25年	12	16	12	20	16	12
	昭和34年	15	24	15	33	24	15
	昭和56年	15	33	21	50	39	24
金属板、スレートなどの軽い屋根の建物	昭和25年	8	12	8	16	12	8
	昭和34年	12	21	12	30	21	12
	昭和56年	11	29	15	46	34	18

両端部に十分な壁量があるか
または左右端で大きな差がないか

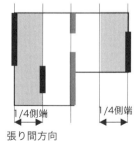

張り間方向

両端部に十分な壁量があるか
または上下端で大きな差がないか

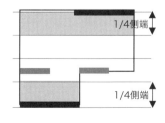

けた行方向

図2　4 分割法による壁配置のチェック

▶古い木造建物なので耐震性があるか心配である。耐震改修も考えているが、手順と改修ポイントがわからない。

1. 木造建物の耐震診断の方法

　現在の新耐震基準を満たさない建築物（1981 年以前）について耐震改修促進法では、積極的に耐震診断や改修を進めることとされている。木造建物の耐震診断は大きく 3 つの方法がある。1 つは日本建築防災協会の「木造住宅の耐震診断と補強方法」で、一般診断と 4 つの精密診断が用意されている。広範囲の木造建物の診断に適用でき、現在最も多く準拠される診断となっている。2 つは耐震改修促進法による耐震改修促進法告示（2006 年 1 月）で、木造建物の診断計算法が示されている。この方法は防災協会の一般診断と同じものである。3 つは文化庁の指針で、寺社などの重要文化財が対象で、古い町屋建物にも用いることができる（図 1）。

2. 誰でもできるわが家の耐震診断

　日本建築防災協会による『誰でもできるわが家の耐震診断』は、より専門的な診断の前に、次の10 個の問診に答えることで、建物所有者が簡単に行える診断である。

監修　国土交通省住宅局
編集　（財）日本建築防災協会

　　1. 建設年代　　　　　6. 吹抜けの有無
　　2. これまでの被災履歴　7. 上下階の壁面の通り
　　3. 増築の有無　　　　8. 壁配置のバランス
　　4. 傷み具合と補修　　　9. 屋根材料と壁の量
　　5. 平面形状　　　　　　10. 基礎

　各項目で 0 か 1 の評点を与え、合計が 7 点以下なら問題ありとしている。耐震診断を行う上で重要な項目は、地盤・基礎、建物形状、壁配置と壁量、筋かいの有無、及び老朽度であり、これらが 10 の設問にうまく組み入れられている（図 2）。

3. 建物調査

　耐震診断のために必要な建物調査は、建物形状寸法、柱梁軸組筋違・壁、基礎、小屋組、不同沈下、ゆがみ・湾曲・傾斜、レベル、雨水・排水経路、敷地地盤など多岐にわたる。なお、調査はできるだけ非破壊の範囲とし、破壊調査となるものは改修工事の際に確認するとよい。

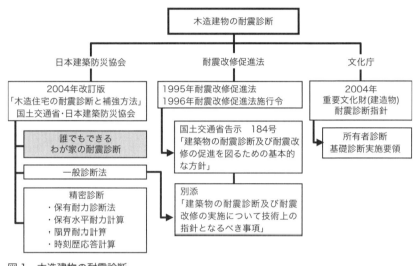

図1　木造建物の耐震診断

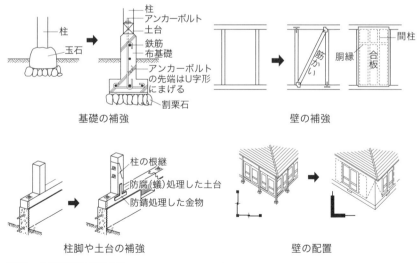

図2　木造住宅の補強方法　日本建築防災協会編（『誰でもできるわが家の耐震診断』より）

▶阪神・淡路大震災級以上の強い地震でも倒壊しない木造住宅は可能だろうか。

1. 住宅品質確保促進法(品確法)にも耐震基準がある

　木造住宅の耐震基準は、建築基準法の規定以外に住宅品質確保促進法（品確法）による耐震基準がある。品確法では、阪神・淡路大震災級の地震でも倒壊しない建築基準法レベルの**耐震等級1**、その地震力の 1.25 倍の地震に対抗できる**耐震等級2**、及びその地震力の 1.5 倍の地震に対抗できる**耐震等級3**の3段階の基準を設けている。この等級は建物の構造による優劣ではなく、木造住宅でも RC 住宅でも耐震等級が同じであれば、地震に対する強度や性能は同じである。基準法では風圧力に対する必要壁量も一緒に検討するが、品確法では、耐震等級とは別に耐風等級1（建基法レベル）及び耐風等級2（建基法の 1.2 倍）の二つの基準が設けられている。

2. 耐震性を確認するには、壁量計算と許容応力度計算がある

　住宅の確認申請や品確法の性能評価で耐震等級を取得する場合には、壁量計算と許容応力度計算の二つの方法がある。壁量計算は、地震の揺れに対する壁量のみを考慮する簡易な計算方法で、壁量が基準を満たしていることを確認する。耐震等級3も壁量計算で取得可能である。木造3階建てや S 造、RC 造の住宅を設計する場合は、許容応力度計算が必要である。4 号建物は特例で、建基法に規定する壁量を確保すれば構造計算は求められない。

3. 品確法における耐震等級3の壁量計算は

　品確法で屋根別壁量係数や積雪加算、面積比係数（上下階比率を考慮した係数）、地震係数、性能表示床面積（1 階は基準法床面積に 2 階のオーバーハングしたバルコニー・庇の面積を含み、2 階は 1 階との吹き抜けの面積を加える）などを考慮して必要壁量を算出する（耐震等級2では風圧力に対する必要壁量も算出する）。

　存在壁量が各階の X・Y 方向での必要壁量以上あることを確認する。すなわち、

［地震力に対する存在壁量＝耐力壁実長×壁倍率］＋［準耐力壁の存在壁量＝準耐力壁実長×準耐力壁倍率］ ≧ 必要壁量 を確認する。

※準耐力壁は腰壁や垂れ壁などで地震に有効で、それぞれに基準がある。

4. 基準法と品確法の壁量比較の例

2階建て木造住宅を想定して基準法の耐震と品確法の耐震等級3の壁量を比較する。耐震等級3の地震力は基準法の1.5倍であるが、計算基準が異なるので、壁量は約1.7〜2倍が必要となる（図1〜3）。

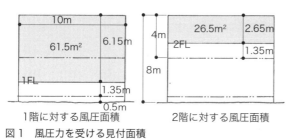

図1　風圧力を受ける見付面積

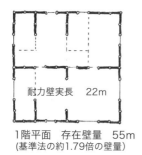

図2　基準法（耐震等級1）の壁量

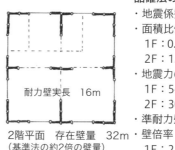

図3　品確法 耐震等級3の壁量

想定した木造住宅
・総2階建て
・床面積 1F：100m²
　　　　2F：100m²
・屋根：軽量
　　　フラットルーフ
・軟弱地盤割増し無し
・積雪無し

建築基準法の場合
・風圧：その他区域
・風圧力の必要壁量
　1F：30.75m
　2F：13.25m
・地震力の必要壁量
　1F：29.00m
　2F：15.00m
・壁倍率
　1F：2.5
　2F：2.0

品確法の場合
・地震係数：一般1.0
・面積比係数：
　1F：0.3+0.7=1.0
　2F：1.3+0.07=1.37
・地震力の必要壁量
　1F：54.00m
　2F：30.14m
・準耐力壁は無し
・壁倍率
　1F：2.5
　2F：2.0

▶鉄骨造で外壁仕上材に ALC パネルを使用した。柱芯を通り芯として先に決めて構造設計したが、柱が上階ほど細くなっていき、パネル外壁と鉄骨の位置関係が各階変わることになり、パネル取付けのための付属金物も必要になった。

1. 外壁側の通り芯は外壁の芯を通り芯とする

　一般的には通り芯を柱の芯とするが、そうした場合、外壁側の柱は上階にいくにつれ細くなり、外壁から離れていくことになる。そうなれば、外壁の取付けの下地部材は階によって寸法が変わることになり、合理的ではない。外壁側の通り芯は、鉄骨芯とせずに、外壁の芯を通り芯として外壁パネルの取付け代及び、鉄骨柱のダイヤフラムの出っ張り寸法や建て方誤差を見込んで、柱面の位置を決めるとよい。こうすれば鉄骨柱の外面と外壁芯が一定となる。梁位置も柱の外面合わせにすれば、各階でのパネル外壁と鉄骨の関係は全階同じとなる（図）。

2. 鉄骨造の外壁の仕様は先に決める

　鉄骨造では外壁を金属板にするか、ALC パネルにするか、あるいは RC プレキャストパネル（PCa 板）にするかは、外壁の荷重が異なるだけでなく、取付け寸法も変わり、鉄骨自体の納まりにも影響する。ALC パネルは取付け工法によって鉄骨との空き寸法は変わるので、ALC パネルの工法を早期に決める必要がある。例えば横積み埋込アンカー工法ではクリアランスが 90mm 必要で、縦積みロッキング工法では 40mm で良い。外壁の ALC の厚さも階高や取付け階で厚さを変えるとその対応も必要になる（図②）。

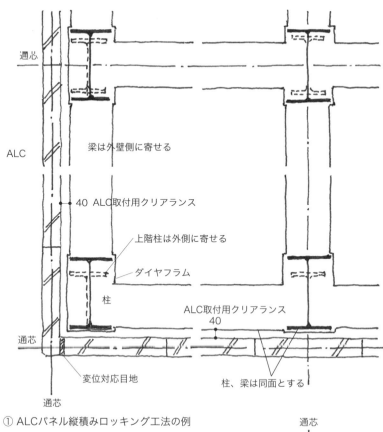

通心

ALC

梁は外壁側に寄せる

40 ALC取付用クリアランス

上階柱は外側に寄せる

ダイヤフラム

柱

ALC取付用クリアランス
40

通芯

変位対応目地

柱、梁は同面とする

通芯

① ALCパネル縦積みロッキング工法の例

通芯

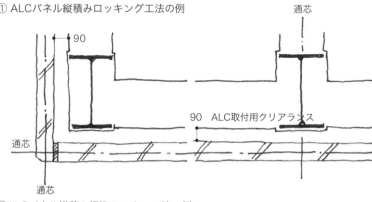

90

90 ALC取付用クリアランス

通芯

通芯

②ALCパネル横積み埋込アンカー工法の例

図　ALCパネル外壁と鉄骨の関係

▶ 強風時にＳ造高層建物が揺れて、軋み音が発生し騒音被害となった。また、利用者から建物が揺れて気分が悪いとクレームも付いた。

1. 強風での問題は揺れによる「船酔い」や「きしみ音」などの居住性である

　日本の構造設計では地震力が支配的で、部材断面が風荷重で決まることは、300m クラスの超々高層を除いては少ないと言える。しかし、強風は地震と違って長時間続くので、安全性よりも揺れによる「船酔い」や「きしみ音」などの居住性が問題となる。きしみ音は間仕切り壁の取付け部が僅かな変形で擦れて生じる。階高 4m の階の層間変形は地震では階高さの 1/200 すなわち 20mm を超えないように設計する。設計で対象とするような風では層間変形は階高の 1/400 程度で 10mm 程度である。1 年に 1 度吹くくらいの風荷重の大きさはその 1/4 程度なので、変形は 2.5mm となるが、この変形は間仕切りの『きしみ音』を生じさせるのに十分な大きさである。「船酔い」のような揺れを感じるのは変形の大きさではなく、揺れの加速度であるので、居住性指針などに従って揺れの加速度を小さくするような設計とする。

2. 風荷重による振動特性は

　風が建物に当たる風圧力で風方向に振動させるだけでなく、風が建物隅にあたって渦が発生し、この渦が交互に発生することで建物を風直交方向にも振動させる（図 1）　また、風による建物の変形は、壁が平行四辺形に歪むせん断変形、柱の伸縮による曲げ変形、下階の曲げ変形が蓄積された回転変形が組み合わさったもので、間仕切り壁の上下端が擦れて起きる「きしみ音」はせん断変形によるものである。高層建物のせん断変形は中間階が最大となるので、「きしみ音」の発生も、上層階より中間階が顕著である（図 2）。

3. 風対策は、建物を重くし、硬くすること、あるいは減衰性を高めること

　風荷重は建物の風を受ける立面の大きさによって決まる。同じ風荷重に対して建物が重いほど揺れの加速度は小さくなる。鉄骨造より、鉄筋コンクリート造や鉄骨鉄筋コンクリート造の方が揺れにくい。建物を硬くする、すなわ

ち剛性を大きくすると同じ力に対する変形量を小さくできるので、揺れの振幅も小さくできる。減衰は揺れの大きさを早く小さくする性能で、これも減衰が大きいと揺れを小さくできる。通常の建物では大きな減衰を望めないので、オイルダンパーなどの減衰装置を付加することは、地震時の揺れだけでなく風揺れの低減にも効果がある（図3）。

4. 軋み音対策は

軋み音は建物本体と間仕切壁（ALC壁や軽鉄下地のボード壁など）の上部の接合部で発生する。この時接合部の層間変形は2.5mmであっても摩擦が生じているからで、その摩擦が発生しないようなすべり材を挟むなどで、軽減できる。

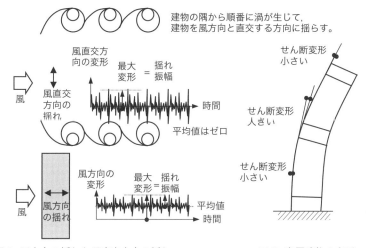

図1 風方向の揺れと風直交方向の揺れ　　図2 高層建物の変形

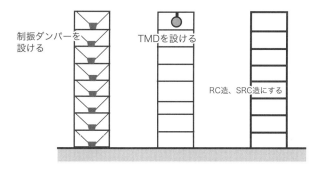

図3 高層建物の風対策

外部の鉄骨に錆びが発生した

▶鋼製の屋外階段を支持する柱や梁の鉄骨を防錆処理として溶融亜鉛めっきをしたが、数年ほどで一部に錆びが発生した。

1. 鉄鋼の錆止めの方法は

鋼製の外階段を意匠上すっきり見せるため、ボルト接合だけでなく一部現場溶接とした。その現場溶接接合部は溶融亜鉛めっきをしないで鉄鋼面の防錆処理として錆止め塗装工法とした。その不めっき部に錆が発生した。錆止め塗装工法と溶融亜鉛めっき工法の二つの方法はいずれも鉄骨工事の範囲である（図）。

2. 錆止め塗装工法

錆止め塗装は鉄骨製作工場において鉄骨製作後に、素地ごしらえの後、1回目の錆止め塗料塗りを行う。鉄骨建方及び接合完了後に、現場にて汚れや付着物を除去してから2回目の錆止め塗装を行う。

鉄骨がコンクリートに密着する部分や高力ボルト摩擦接合の摩擦面、溶接接合する部分とその周囲などは、錆止め塗料塗りをしないで現場に搬入される。錆止め塗料が塗られていない部分は、建方後に素地ごしらえをして2回の錆止め塗料塗りを行う必要がある。

3. 溶融亜鉛めっき工法

溶融亜鉛めっきの種別は鉄骨の板厚が 6mm 未満は B、C 種、それ以外は A 種である。防錆としては溶融亜鉛めっきが最も確実で安心である。電気亜鉛めっきは用いない。高力ボルトの接合部は溶融亜鉛めっきをブラスト処理で剥がす。

溶接接合した部分や建方中のキズや不めっき部は建方後にワイヤブラシで入念に素地調整を行った後、高濃度亜鉛末塗料又は亜鉛溶射による補修を行う。その補修部は溶融亜鉛めっきに比べて耐用年数がやや短いので、メンテナンスする必要がある。メンテナンスが容易にできる部分に限るのがよい。

亜鉛めっきのままだと経年で黒ずんでくるが、防錆効果は変わらない。溶

融亜鉛めっきを更にリン酸塩化皮膜処理すると、落ち着いた意匠にできる。

　溶融亜鉛めっき後の塗装仕上げは塗装工事による。

4. 空気中の鉄粉付着による錆

　空気中の鉄粉が埃と一緒に建物に付着する。特に鉄道線路付近では鉄粉が多く飛散している。それらの鉄粉が酸化し錆となる。あたかも鋼材が錆びたかのようになることもある。

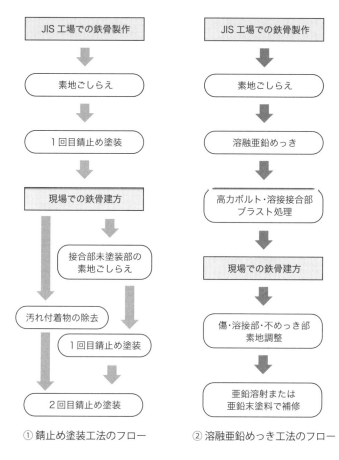

① 錆止め塗装工法のフロー　　② 溶融亜鉛めっき工法のフロー

図　防錆処理のフロー

▶鉄骨造の柱と梁の接合部を溶融亜鉛めっきとし、ガセットプレートと高力ボルトでの接合とした。鉄骨をそのまま仕上げて、「あらわし」としたために、ガセットプレートや高力ボルトがむき出しのまま仕上がり、見苦しくなった。

1. 鉄骨の接合部を溶接接合で美しく

接合部をすっきりした納まりにするには、接合部を溶接接合にすると良い。溶接接合部も鋼製エンドタブは残さないようにフラックスタブを用いるか、ノンスカラップ工法がよい。多くの鉄骨接合は、ボルト止めが基本であるが、溶接接合とすれば、ボルト止めの箇所数を少なくできる。また、そのボルト止めの位置も目立たないところにするなど、構造設計者と協議して決めるとよい（図1）。

2. 鉄骨をスリムにしよう

ロール材（圧延鋼材）のH形鋼は合理的に作られているが、見付は大きい。意匠上H形鋼の見付をスリムにしたい場合は、厚板鋼材を用いて工場組み立てとすればよい。鉄骨柱も厚板の溶接組立や無垢鋼材で細い柱をつくることも可能である。またH形鋼のウェブに穴を開ければ軽い表現も可能である（図2）。

3. 構造的な力をデザインしよう

建物にかかる水平力を建物内部のコア壁やフレームに負担させて、外周部の柱には鉛直力だけを負担させれば柱は細い部材（鉄骨無垢柱など）にできる。また、軸力を引張で負担する丸鋼やワイヤーなどの引張材を用いることも可能である。構造的な力をシンプルにすれば、部材もシンプルになり空間は美しくなる（図3）。

鉄骨の接合部がピンジョイントなのに、ガセットプレートとボルトで頑丈に接合し、見苦しくしている例がある。曲げも圧縮もかからないピンジョイントは素直に表現すると美しくなる。

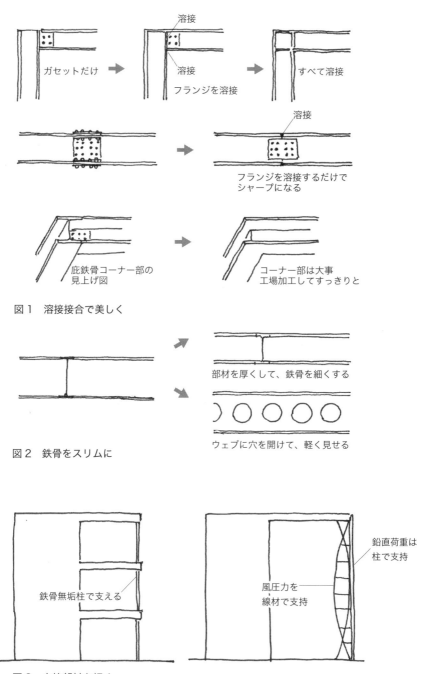

ガセットだけ → 溶接 / フランジを溶接 → すべて溶接

溶接

溶接

フランジを溶接するだけで
シャープになる

溶接

庇鉄骨コーナー部の
見上げ図

コーナー部は大事
工場加工してすっきりと

図1　溶接接合で美しく

部材を厚くして、鉄骨を細くする

ウェブに穴を開けて、軽く見せる

図2　鉄骨をスリムに

鉄骨無垢柱で支える

鉛直荷重は
柱で支持

風圧力を
線材で支持

図3　支持部材を細く

▶S造の建物で梁の耐火被覆施工後に、間仕切取り付け用の軽鉄下地を設けたため、耐火被覆の一部を撤去して軽鉄下地材を鉄骨に溶接した。その後間仕切壁を施工したが、鉄骨の耐火被覆は間仕切壁部分で欠損したままになった。

1. 鉄骨に取り付ける間仕切りの下地材は耐火被覆施工前に

　鉄骨造の柱や梁の耐火被覆は確実に施工されなければならない。部分的に欠損することは基準法違反である。したがって間仕切壁取り付け用下地金物等は耐火被覆を施工する前に取付け、その後に耐火被覆を隙間なく施工することが原則である（図1）。

2. 柱、梁の合成耐火は認定されているものに限る

　鉄骨造の外壁がRCやPCa板、鉄網モルタル塗壁、ALCパネル及び押出成形セメント板の時、耐火被覆材（吹付け岩綿など）との合成耐火被覆が認められている。外壁パネルとの取り合い部は500mm以下とし、外壁側に裏打ち材（バックアップ材：ロックウール50×60程度）を張り付ける。取合い部の耐火被覆は鉄骨側に力骨（9Φ鉄筋@450程度を溶接し、補強材として鉄網（メタルラス）を張り付けた後耐火被覆材を吹き付ける。取り合い部が500以上の時は単一耐火被覆材で鋼材を囲う（図2、3）。

3. 外壁パネルと床の取合いは

　外壁パネルと床スラブの間は、層間変位吸収のためにクリアランスを設けている。その部分はロックウール（岩綿）を充填する。そのロックウールが脱落しないように鉄網などをスラブ側に取り付ける。上面は3cmほどモルタルを塗り、スラブ面と同面で仕上げる。遮音のためにもロックウールを密実に施工する（図3）。

4. 複合耐火の梁の貫通孔は不可

　外壁ALCパネルに孔をあけ、梁の同じ高さに梁貫通孔を設けて換気のダクトを通すのは、ALCパネルと吹付け岩綿の耐火被覆の複合耐火部を貫通することになるため、認められない。

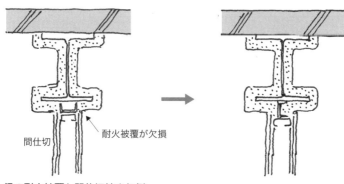

間仕切 耐火被覆が欠損

図1 梁の耐火被覆と間仕切納まり例

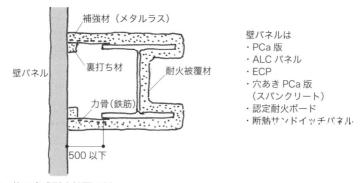

補強材（メタルラス）

壁パネル

裏打ち材

耐火被覆材

力骨（鉄筋）

500 以下

壁パネルは
・PCa 版
・ALC パネル
・ECP
・穴あき PCa 版
（スパンクリート）
・認定耐火ボード
・断熱サンドイッチパネル

図2 柱の合成耐火被覆の例

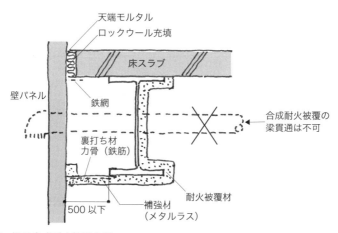

天端モルタル
ロックウール充填
床スラブ

壁パネル

鉄網

合成耐火被覆の
梁貫通は不可

裏打ち材
力骨（鉄筋）

500 以下

補強材
（メタルラス）

耐火被覆材

図3 梁の合成耐火被覆の例

▶設備配管などを通すために鉄骨の梁のウェッブに貫通孔を設けて、岩綿吹付けの耐火被覆をしたが貫通孔廻りの耐火被覆厚が不足した。

1.　鉄骨梁貫通部にも梁と同じ厚さの耐火被覆が必要

　鉄骨梁の耐火被覆は、一般的なロックウールでは1時間耐火で25mm、2時間耐火で45mm、3時間耐火で60mmの耐火被覆厚さが必要とされ、梁貫通部も同様である。例えば3時間耐火の場合で設備配管径を200mmとすると耐火被覆分の120mmを加えて、鉄骨の梁貫通孔径は320mm必要となる。梁成600mmでは貫通が不可となるので注意が必要である（図1）。

2.　梁貫通部に特化した耐火被覆製品（認定品）もある

　鉄骨の梁貫通部の耐火被覆に特化して、耐火被覆の厚さを低減した被覆材が大臣認定を取得している。これらを用いれば必要な設備配管径に対する梁貫通径が最小にでき、梁貫通部の補強量の低減が期待できる。また、被覆厚の確保の面でも確実である（図2）。

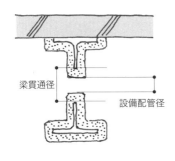

梁貫通径　　　　　設備配管径

図1　梁貫通孔の耐火被覆厚確保

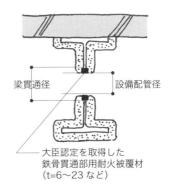

梁貫通径　　　　　設備配管径

大臣認定を取得した
鉄骨貫通部用耐火被覆材
（t=6〜23 など）

図2　梁貫通孔の認定耐火被覆材の例

▶外部庇を支持する鉄骨丸柱を耐火被覆し、それを保護するためアルミパネルで仕上げた。鉄骨丸柱は細かったが、仕上がりは太く見苦しい柱となった。

1. 外部の耐火被覆材は防湿仕上げが必要

　鉄骨造の耐火被覆材には岩綿の吹付け材やケイ酸カルシウムの成形板が一般的である。これらの耐火材は吸湿するものが多く、外部では金属板等で保護する必要があり、見付が大きくなる。例えば、300ϕの鉄骨が2時間耐火なら岩綿吹付け45mm、パネル仕上げ代45とすると外径は480ϕとなる（図1）。

2. 耐火塗料仕上げ

　耐火被覆厚が小さい耐火塗料がある。発泡性耐火塗料で、塗り厚によって1時間耐火や2時間耐火もできる。鉄骨形状や板厚によって塗装厚も変わる。300ϕの鉄骨柱で板厚11.4mmの時、2時間耐火なら塗装厚は4.5mmであり、仕上がりの柱は309ϕ程度とすることができる。ただし、耐火塗料は経年変化するので点検と維持管理が必要となる。メンテナンスしやすい場所に限るのがよい。耐火塗料はメーカーにより鋼材のサイズとの関係で認定条件があるので、採用には注意が必要である（図2）。

3. 耐火シート仕上

　鋼材の制限はあるが、1.5mm〜3mm厚の耐火シートもある。1時間耐火、2時間耐火もあり、耐火塗料に比べて、工期も短く、膜厚管理も不要というメリットもある。

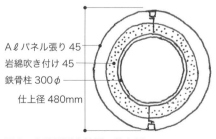

Aℓパネル張り 45
岩綿吹き付け 45
鉄骨柱 300φ
仕上径 480mm

図1　2時間耐火被覆の仕上例

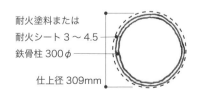

耐火塗料または
耐火シート 3〜4.5
鉄骨柱 300φ
仕上径 309mm

図2　耐火塗料・耐火シートの例

▶隣接する建物との間に鉄骨造の連絡ブリッジを架けた。耐火被覆をするとその保護としてパネルで化粧しなければならない。外部鉄骨だから、耐火被覆を無くして鉄骨を現し仕上にできないだろうか。

1.　耐火鋼は耐火被覆を低減または省略できる

　耐火鋼（Fire Resistant Steel：FR鋼）は建築構造用規格鋼材に高温時の強度を付加した鋼材で、600℃でも必要な強度が確保されるので、この高温特性を考慮した耐火設計を行うことにより、耐火被覆の低減や省略が可能となる（図1）。

2.　無耐火被覆とする設計は耐火検証法ルートCで行う

　建築基準法では、耐火建築物の主要構造部に要求される耐火性能について、要求耐火時間に対応した耐火構造とする仕様規定（ルートA）と、予測される火災に対して耐火性能を検証する性能規定（ルートB及びC）が示されている。仕様規定の耐火被覆を設けない場合は、火災時の安全性を証明し性能規定を満足する必要がある。耐火鋼を耐火建築物に使用する場合はルートCに該当する。

3.　耐火検証の考え方の例

　耐火検証の考え方の例を次に示す（図2）。

　①火災時の安全性を確保するための方策をたてる。例えば火災を発生させないように、周囲を不燃仕上げとする。火災発生時にスムーズな避難を可能とする。火災の延焼が拡大しないように防火区画をする。

　②火災時の最大燃焼を想定し、その火災の炎がどこまで届くか、その時の温度性状に対して主要構造の鉄骨がその温度に耐えるかを検証する。一般の鉄骨の温度性状は400℃で耐力が無くなるが、耐火鋼なら600℃以内なら耐力は十分あるため、耐火被覆が不要となる。

　③必要に応じて実験で確かめる。

　④指定性能評価機関の審査（性能評価）を受け、国土交通大臣の認定を

取得する。

　ちなみに、連絡ブリッジの階やその直下の階からの火災時の火炎が及ばないように耐火壁を設け、2階下の階からの最大火炎の温度を検証した結果、500℃以下であることを証明し、耐火鋼の耐火被覆の免除となった。

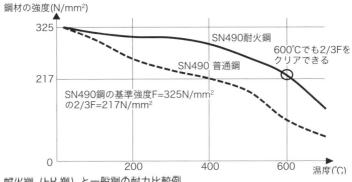

図1　耐火鋼（FR鋼）と一般鋼の耐力比較例

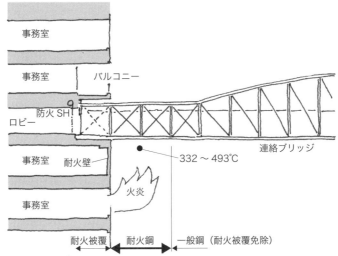

図2　耐火鋼の使用例（ルートC）

▶鉄骨のボックス柱を細くしたい。耐火被覆もしたくない。耐火被覆するとそれを保護しなくてはならない。良い方法はないのか。

1.　CFT構造の柱は耐火被覆の省略や低減が可能

　CFT（Concrete Filled Steel Tube）構造は鉄骨造のボックス柱又は鋼管柱の中にコンクリートを充填した構造である。鉄骨の柱の中のコンクリートが鉛直荷重を負担するので、鉄骨量が減り、柱を細くできる。基本的には鉄骨構造と同じような耐火被覆が必要とされるが、外側の鉄骨が耐力を失っても、内部コンクリートによる支持が期待できるので、一定の条件下で耐火被覆の省略もしくは耐火被覆の低減が可能である。

2.　耐火構造としてのCFT構造はルートCで

　耐火性能評価のルートAやルートBは、鉄骨造としてCFTで負担している荷重をすべて鋼管で負担するものと仮定して耐火計算を行うのでCFTとしての利点は少ない。CFT柱の耐火被覆低減または無耐火被覆化とするためには、ルートCの耐火性能検証法を用いて建築物ごとに大臣認定を取得すればよい。ただし、個別に大臣認定を取得するには相当な設計労力および期間を要するため、超高層建築などの大型案件以外では適用困難であることが多い。

3.　耐火構造として大臣認定を取得した仕様であれば、耐火設計は不要

　建築基準法では耐火設計などを行わない場合の対応方法として、規定された仕様を採用するほか、厳しめの火災性状と荷重条件を仮定した載荷加熱実験にて部材の荷重保持能力を確認して、耐火構造として大臣認定を取得することで、当該部材を耐火構造として使うことが認められている。この方法では、安全側の設定条件を用いるため適用範囲に制約はあるが、実現できれば耐火設計が不要となり、汎用的に適用することができるため、無耐火被覆ニーズに対して迅速に対応可能となる。このような仕様規定として耐火認定を取得すれば、CFT柱の1時間無耐火被覆や1、2、3時間耐火での耐火被覆厚

さ低減、複合耐火などが可能となる（図1）。

4. 柱のコンクリート充填を確実にする

　従来の内ダイヤフラムでは鋼管柱の中に、コンクリート充填のための丸孔を設けなければならない。丸穴は $100 \sim 200 \phi$ 程度なのでコンクリートの充填がしにくい欠点がある。それを外ダイヤフラムにすると鋼管の中にダイヤフラムは必要なく、コンクリートの充填が容易となる。ただ、柱際に縦に配管を通す場合は外ダイヤフラムをかわさなければならないので注意したい（図2）。

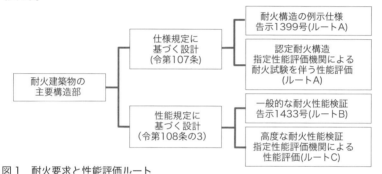

図1　耐火要求と性能評価ルート

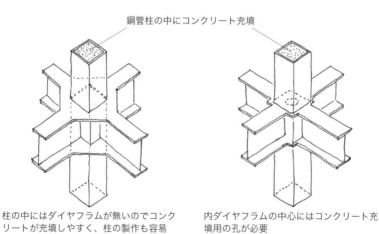

鋼管柱の中にコンクリート充填

柱の中にはダイヤフラムが無いのでコンクリートが充填しやすく、柱の製作も容易

① 外ダイヤフラムの CFT 柱

内ダイヤフラムの中心にはコンクリート充填用の孔が必要

② 内ダイヤフラムの CFT 柱

図2　CFT 柱の例

▶ S造の事務所ビルで階高を最小限にして設計した。設計段階で設備設計者と階高調整を済ませていたが、鉄骨工作図の作成段階で、設備配管のための貫通孔を大きくしたため、貫通孔補強が十分できなくなり、梁成も変更することになった。

1. 設備配管のための梁下有効寸法の確保

設計段階で設備システムが決まっていても、ダクトや配管等の位置や大きさまで詳細に決まっていることは少ない。設備業者や設備機器の詳細が決まってから、最終調整をしたためにダクトの振回しや配管勾配が確保できず、小梁配置の変更や梁成の変更が発生し設計変更となった。

2. 梁貫通は構造設計図書に準拠する

梁貫通の大きさや位置、ピッチなどは構造設計図書で規定されている。S造は既成または組立 H 鋼を用いるのが一般的で、梁貫部分は原則として丸型とし、補強方法は構造設計図書に準拠して補強する。曲げモーメントが卓越する長スパン梁の梁中央部は、せん断耐力に余裕があるので、梁成の 1/2 程度の貫通まで可能となることが多い。(図 1、2)。

3. 梁貫通の補強方法

貫通孔を補強する方法には、スリーブ補強、カバープレート補強、リブ補強などがあり、鉄骨製作工場で溶接補強する。原則として、貫通孔の現場でのあと施工は避ける。貫通補強方法については、へりあき寸法や溶接部の干渉、梁端部の塑性変形性能の確保などの検討が必要となる。梁貫通孔の補強材として国土交通省大臣の認定を受けたリング状に特殊加工した既製品もある (図 3)。

4. 梁貫通に関する設計対応

梁貫通の詳細は施工段階で決まることが多いので、設計図書に詳細まで記載しておくことは難しい。一般には「標準図」を示す。すなわち、貫通可能範囲と想定される大きさごとの貫通孔に対する補強方法を、既製品の使用を

含めて設計図にまとめる。確認申請図書で示した標準図の範囲を超える貫通が生じる場合は計画変更申請が必要となる。

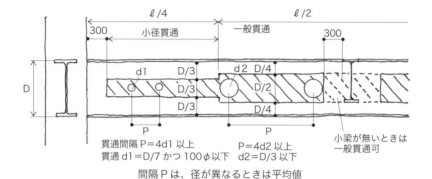

図1　S梁（ノンブラケット）継手の貫通範囲

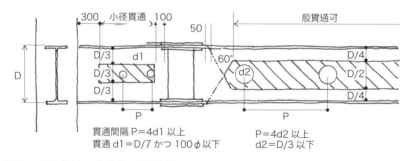

図2　S梁ブラケット継手の貫通範囲

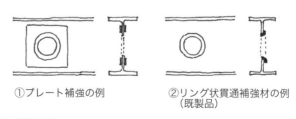

①プレート補強の例　　②リング状貫通補強材の例
　　　　　　　　　　　　　（既製品）

図3　貫通孔の補強の例

▶鉄骨が外壁を貫通する部分は雨水の浸入を確実に止水する納まりとしなければならない。鉄骨の発注前に止水方法を検討し、シール受けの側面プレートや防水受けなどを鉄骨製作工場で取り付けるようにする。鉄骨が屋上床部分を貫通する場合も同様である。

1.　コンクリートやALCパネルの外壁を鉄骨が貫通するとき

　外壁ALCパネルをH形鋼が貫通する場合は、H形鋼の両サイドに外壁厚さ分の側面プレートと外壁と同面に正面プレートをそれぞれ水密溶接で取り付け、ALCパネルと鉄骨取り合い部を二重シールする。隙間には耐火材としてロックウールを充填する。コンクリート壁をH形鋼が貫通するとき(RC打込みの時)は側面プレートの幅は50mm程度で良い（図1、図2）。

2.　ECP外壁を鉄骨が貫通するとき

　ECP（押出成形セメント板・Extruded Cement Panel）は空洞があり板厚が薄く、小口面にシールができないので、外壁面にシールする。鉄骨断面より一回り大きな正面プレートを設け、二重シールとする。正面プレート、側面プレート（幅はECP幅＋シール厚）は鉄骨に水密溶接する。鉄骨が金属パネルを貫通するときも同じ考え方である（図3）。

3.　屋上防水を鉄骨柱が貫通する

　屋上機械置場の鉄骨柱が屋上防水を貫通する場合、鉄骨柱にコンクリートを巻いてそれに防水を立ち上げる方法と、鉄骨柱に直接防水を立ち上げる方法がある。

　コンクリートに防水を立ち上げる場合は通常のパラペットの納まりと同じである。コンクリートの天端部分は、鉄骨柱に工場溶接した止水プレートまわりをシールする。

　鉄骨柱に直接防水を立ち上げる場合は鉄骨柱足元をボックス形状にして天端に防水立ち上がりの受けプレートを設ける。受けプレートの下に水切りと保護板受けを設ける（図4）。

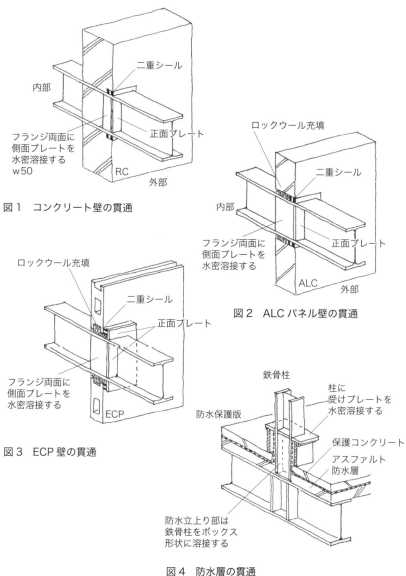

二重シール

内部

フランジ両面に
側面プレートを
水密溶接する
w50

正面プレート

RC

外部

図1　コンクリート壁の貫通

ロックウール充填

二重シール

内部

フランジ両面に
側面プレートを
水密溶接する

正面プレート

ALC

外部

図2　ALCパネル壁の貫通

ロックウール充填

二重シール

正面プレート

フランジ両面に
側面プレートを
水密溶接する

ECP

図3　ECP壁の貫通

鉄骨柱

柱に
受けプレートを
水密溶接する

防水保護版

保護コンクリート

アスファルト
防水層

防水立上り部は
鉄骨柱をボックス
形状に溶接する

図4　防水層の貫通

▶スパンの長い連絡ブリッジを歩くと揺れを感じる。揺れの周期によっては、共振で連絡ブリッジの揺れが増幅されて歩行しにくくなる。また、縦揺れだけでなく横揺れやねじれ振動が生じることもある。

1.　人間の歩行の周期と振動数

　人の歩く速さは平均的に1秒間で約2歩となる。すなわち、人の歩行は1秒間に2回の繰り返しの力を橋に与えている。このような1秒間に2回の繰り返し運動を、周期0.5秒（1回の繰り返し時間）または振動数2Hz（1秒間の繰り返し数）と表す。

2.　長スパンの連絡ブリッジの周期と振動数

　スパンの大きな連絡ブリッジの振動数は2Hzまたは4Hzに近い固有振動数を持っている。実際40m程度の歩道橋では固有振動数が2Hzに近くなる。

3.　人と連絡ブリッジの周期は近い

　人の歩行も橋の揺れも繰り返して振動する。しかもその振動数が近いと共振によって橋の揺れが増幅され、歩行しにくくなる。人が足を着く瞬間にブリッジの床が下がる感じになることがある。橋の周波数を長くすることは困難である。

4.　振動を少なくするには

　連絡ブリッジ本体の構造の剛性を高め、振動を小さくすること。例えば単純梁よりトラス構造などが考えられるが、それでも振動は残る。もう一つの対策は制振装置を設けて振動をさらに小さくすることである（図1）。

5.　ブリッジの振動対策にはTMDが有効

　歩行振動の揺れのような共振現象は、特定の振動数での揺れを抑えればよいので、オイルダンパーや粘性体ダンパーのような広い振動数範囲をカバーするダンパーよりも、TMD（チューンド・マス・ダンパー：同調質量ダンパー）による制振が有効である。マス・ダンパーはマス（質量）、バネ、ダンパーで構成される。歩道橋が揺れると、同じ振動数を持ったマスが共振して、歩

道橋の揺れエネルギーはマスの振動エネルギーに変換される。マスの振動エネルギーをダンパーで最終的に消費することで揺れが低減される（図2）。

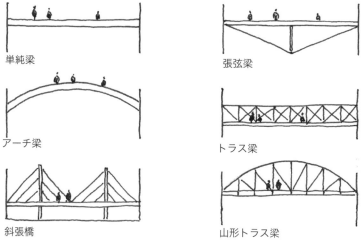

単純梁

張弦梁

アーチ梁

トラス梁

斜張橋

山形トラス梁

図1　連絡ブリッジの構造

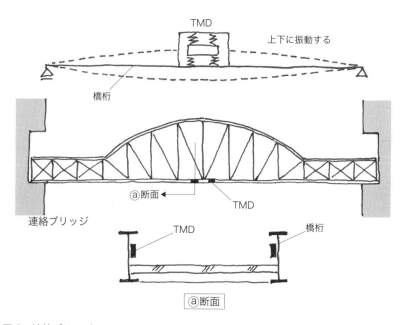

TMD

上下に振動する

橋桁

連絡ブリッジ

@断面 ←

TMD

TMD

橋桁

@断面

図2　連絡ブリッジのTMD

▶ 工場を鉄骨ブレース構造として天井内に水平ブレースを設けた。鉄骨ブレースが熱伸びで横はらみ（面外方向）の変形をし、天井仕上げ材や天井内の設備機器と干渉して損傷させた。また、壁のブレースを見せないように簡易間仕切り壁で塞いだが、ブレースが熱伸びで横はらみ（面外方向）の変形をして、簡易間仕切り壁を損傷させた。

1.　鉄骨ブレースは熱伸びで横はらみする

　鉄骨ブレース材は、季節の温度差や室内の温度環境の変化によって温められたり冷やされたりして、伸縮変形を繰り返す。鉄の線膨張係数は 1×10^{-5} で、鉄骨ブレースが30度の温度差を受けると部材長さが10mであれば、変形量は 10m×30度×1×10^{-5}/度＝3mm の変形を繰り返す。ブレースの両端が拘束されていると約10cmの横はらみ変形を生じ、仕上げ壁や天井下地、天井吊りされた設備機器等に干渉し、破損させる。

2.　地震時に水平力を受けた時もブレースは横はらみする

　フレームは地震の水平力を受けた時にも、建物の変形に応じて引張り変形と圧縮変形を繰り返す。引張りブレースが圧縮力を受けると、座屈して支点間距離が縮み面外にはらみだす。ブレースが露出されている場合は、横はらみしても、あまり問題とはならないが、ブレースを見せないように簡易間仕切り壁等で塞いだ場合や天井内に設けられた水平ブレースの場合は、横はらみ現象で、間仕切り壁や天井材を破損させる原因となる。階高4m、スパン8mとすると、鉄骨ブレースの地震力によるはらみ変形量は、約280mmとなる。多少の横はらみが生じても仕上材等と干渉しない位置にブレースを配置することが大事である（図1）。

3.　ブレースの圧縮変形への対策

　鉄骨ブレースは計算上、圧縮側のブレースは無視し、引張り側のブレースのみを有効として取り扱う。X型ブレースの場合は、どちらのブレースも引張りには有効に効くようにし、圧縮にはルーズにして圧縮力を逃がすとよい。

鉄骨フレームとブレースが連続する山型ブレースの場合も、同様である。これらは天井に用いる水平ブレースの場合も同様である（図2、図3）。

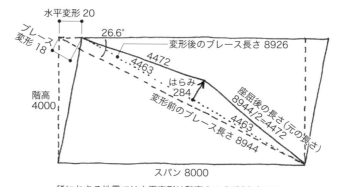

稀におきる地震では水平変形は階高さの1/200なので、
4000/200＝20mm。
この時のブレースの縮みは20cos26.6°＝18mm
縮んだブレースが座屈して元の長さに戻れば、
はらみ量は$\sqrt{4472^2 - 4463^2}$=284mm

図1　鉄骨ブレースの圧縮変形（横はらみ）

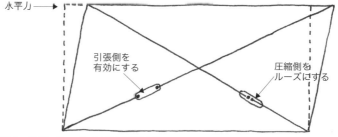

図2　X型ブレースの圧縮変形対策

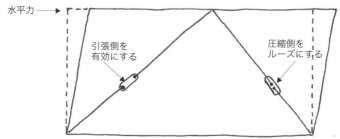

図3　山型ブレースの圧縮変形対策

▶軽量で短工期が特長のＳ造では、床も軽量で施工性のよい構法が採用される。コストの安いデッキプレートを採用したが、床配筋に時間がかかった。デッキプレートにもいろんなタイプがあり、どれを使えばよいのだろうか（図）。

1.　型枠用デッキプレート（フラットデッキ）

　床型枠として使用するデッキプレートで、デッキの表面に凹凸がないフラットなタイプである。フラットなプレートの下部にリブを設け、コンクリート打設時の荷重を負担できるので、支保工が不要で、資材の節減とともに工期の短縮にもなる。デッキに凹凸が無い分、強度上必要十分なコンクリート断面にできる。梁に取り付く端部をフラットに加工したものは梁天端にセットできるため階高が低減できる。（図－①）。

2.　合成スラブ用デッキプレート

　デッキの複雑な溝形断面形状がコンクリートと一体になり、合成効果を発揮するデッキプレート。Ｓ造、RC造、SRC造のどの構造形式にも適用でき、溶接金網の敷設のみで強度を発揮するため、配筋の手間は最小限となる。床のブレースも不要である。また、1時間耐火や2時間耐火の認定品もあり、これを使えばデッキプレートの耐火被覆も不要となる（図－②）。

3.　鉄筋トラス付きデッキプレート

　捨型枠としてのデッキプレートに工場で鉄筋トラスを溶接したもので、配筋やかぶりが確実な床ができる。鉄筋トラス付きデッキプレートには1方向性タイプと2方向性タイプがある。スパンや荷重等の制限なしの耐火構造である。製品にキャンバーを設けて、コンクリート打設後のたわみを小さくし、ひび割れを少なくするものもある。工場製作のため型枠や鉄筋等の熟練工が不要で現場労務が低減でき、工期短縮にもなる。捨型枠のため解体撤去費も不要である（図－③）。

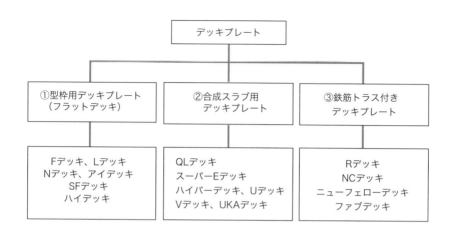

```
                    デッキプレート
         ┌────────────────┼────────────────┐
  ①型枠用デッキプレート    ②合成スラブ用      ③鉄筋トラス付き
   （フラットデッキ）      デッキプレート      デッキプレート
         │                │                │
  Fデッキ、Lデッキ      QLデッキ           Rデッキ
  Nデッキ、アイデッキ    スーパーEデッキ     NCデッキ
  SFデッキ             ハイパーデッキ、Uデッキ  ニューフェローデッキ
  ハイデッキ            Vデッキ、UKAデッキ   ファブデッキ
```

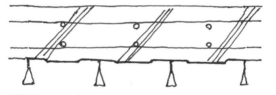

強度に必要な
RC 断面が確保できる

フラットな型枠

① 型枠用デッキプレート（フラットデッキ）

メッシュ筋など

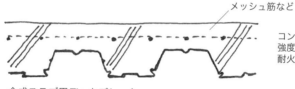

コンクリートと一体で
強度を発揮
耐火認定品もある

② 合成スラブ用デッキプレート

鉄筋トラスを工場溶接
2 方向性もある

③ 鉄筋トラス付きデッキプレート

図　主なデッキプレートの種類

039 デッキプレートの床がひび割れた

▶S造で、鉄骨柱の周りの床にひび割れが生じた。また、梁の位置に沿って床にひび割れが生じ、床の段差部分にもひび割れが生じた。

1. デッキプレート床は床梁に沿ってひび割れする

　デッキプレートの両端を鉄骨梁で支持するのが一般的であり、コンクリート打設時は合成床ではなくデッキプレートのみで床重量や施工荷重を支えるため、デッキにたわみが生じている。このデッキのたわみが大きいと、梁に沿った部分の弱材齢のコンクリートに引張が生じてひび割れが生じやすい。コンクリートの硬化後は、梁を介して床が連続すると、梁による反力で床が上向きに曲げられて、床梁の上面に引張りが生じてひび割れる。梁に沿った床のひび割れ防止対策としては、梁上部に補強筋を配置することである。なお、施工時のたわみ防止としての仮設梁や支保工設置も効果がある（図1）。

2. S造のデッキプレート床段差部はひび割れしやすい

　RC造の床では型枠で成形されて、適切に配筋されていれば段差形状も一体化された構造となるが、デッキ床やハーフPCa床では段差部には補強が必要である。段差が大きい場合、段差部の上部と下部にそれぞれ小梁を設ける。段差が小さい場合はデッキ受けのL型鋼やC型鋼で処理するなどの対策を施す。

3. 床開口周りもひび割れる

　デッキプレート床の開口周りもコーナー部からひび割れが入りやすい。柱廻りも開口部と同じであり、ひび割れしやすい。対策はコンクリート内に開口補強筋を配置して対応するが、W寸法が600mm以上の大きな開口では周辺に小梁を設ける必要がある（図2）。

4. その他のひび割れ防止策は

　補強筋のほかにひび割れを防止する方策として、小梁の剛性を大きくすること、デッキ山上からのコンクリートかぶり厚を確保する、デッキプレートと梁の接合を確実にするスタッド打設なども大事である。

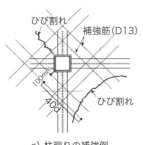

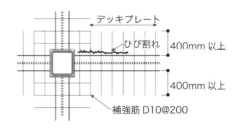

a) 柱廻りの補強例　　　　　　　　b) 大梁上の補強例

図1　床のひび割れの補強

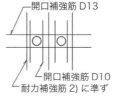

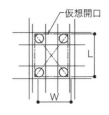

a) 開口間隔≧3×開口径の場合　　b) 開口間隔＜3×開口径の場合　　c) 開口が連続している場合

(1) 開口がφ150程度の場合

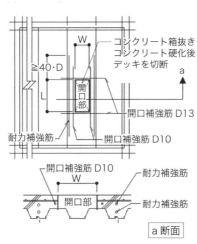

a断面

(2) w600mm以下、L900mm程度以下の場合

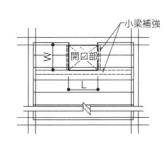

(3) w＞600mmの場合

図2　開口部の補強

図1は日鉄建材株式会社　技術資料　合成スラブのひび割れ対策4頁
図2はJFE建材株式会社QLデッキ施工マニュアル8頁、9頁

▶ アスレチック施設のジムやダンス教室で人が飛んだり跳ねたりするとその階の床振動が梁や柱を介して上階や下階に伝わって、振動障害や騒音となった。

1. コンサートの「たてのり」やエアロビック運動の共振は要注意

人が上下方向に体を揺らす場合、2 〜 3Hz のテンポが最も動作しやすので、コンサートなどでこのテンポの曲が流れると、観客は自然に「つま先立ち→かかと着地→軽い屈伸→つま先立ち」を繰り返す「たてのり」を始める。また運動しやすいリズムとしてこのテンポがエアロビクスなどでも用いられる。一人の荷重は小さくても、数千人、数万人の集団が曲に合わせて同期すれば大きな荷重となるので、このテンポが建物の固有周期と接近すれば共振して大きな揺れを生じる（図 1）。

2. 建物側の対応も限界がある

アスレチックジム、ドームコンサート、建物内での運動施設などの振動騒音問題の事例は多い。事前に振動を予測し、建物の剛性、重量を大きくするなどの振動対策を施しても、想定を超える使われ方をすると問題が発生する。

3. 振動対策は振動源で行うのが原則

アスレチック階の床で振動を除去するためのダンパーなどを設置する。ダンパー（TMD）は二重床の根太に設置するもの、床版に設置するもの、梁に設置するものなどがあるが、原因に近いところで対策を施す（図 2）。

4. 「たてのり」を生じさせないコンサート運営方法もある

大勢の集まるコンサートでは、「たてのり」によって周辺の住宅地では震度 1 〜 3 程度の揺れを感じることがある。「たてのり」を行うコンサートの使用を規制している例がある。対策は浮き床や、制振床にして振動を少なくすること、それに加えて、建物周囲を堀にして地盤の縁を切り、建物側の地盤振動の伝播を無くす方法が考えられる（図 3）。

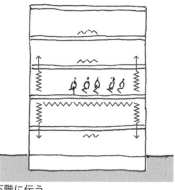

図1　床振動が上下階に伝う

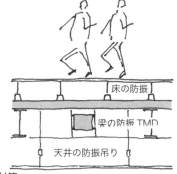

床の防振

梁の防振 TMD

天井の防振吊り

図2　床の防振対策

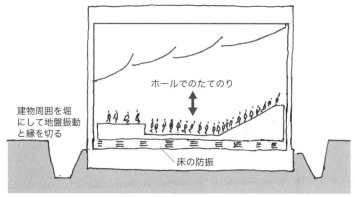

ホールでのたてのり

建物周囲を堀
にして地盤振動
と縁を切る

床の防振

図3　防振と堀で周辺への振動被害を無くす

物流倉庫の床がひび割れた

▶物流倉庫の運搬車両が走行する車路や荷捌きヤードの床、フォークリフトが走行する倉庫内の床がひび割れてきた。また、重量物の積載や移動などが集中する部分にも、ひび割れが生じた。

1. 倉庫が想定外の使用をされた

建築主と床荷重条件を十分協議して積載荷重を決めたが、荷主の使用条件等が変更となり倉庫内の床がひび割れた。

2. 物流倉庫の積載荷重の設計条件

倉庫業を営む倉庫の積載荷重は $3900 \mathrm{N/m^2}$ を下回らないように実況に応じて決めることとされている。この値は自動車車庫 $5400 \mathrm{N/m^2}$ よりは小さい。最近の物流倉庫では $15000 \mathrm{N/m^2}$ 以上とするものもある。設計荷重は建物竣工後の変更が難しいので、経済性を含めて事前に建築主の条件を確認しておく。物流倉庫の種類、取扱貨物の重量、保管貨物の量とエリア、遍在する積載エリア、積み降ろしの衝撃範囲、フォークリフトの仕様と通行範囲、屋上・屋内駐車場、法で規定される消防車両の通行範囲などを示し、構造設計者と協議することが大事である（図1）。

3. 短期集中荷重や部分載荷による偏心にも注意

構造設計では建物の偏心率の計算が求められる。倉庫では満載ではなく部分載荷のときに重心が偏るので偏心率が大きくなる。倉庫の偏心率計算では、あらかじめ、積載エリアの順を決めて、荷重パターンを想定しておくことが求められる。柱負担荷重に大きな変動がないようにすればよい。隣り合う床がともに一様に満載された状態より、部分載荷による偏荷重の方が大きな断面力を生じる場合があるので、倉庫内の積載方法を考慮して積載荷重を決める必要がある（図2）。

4. フォークリフトの走行等、移動荷重を考慮する

倉庫の床は大きな積載荷重と併せて、フォークリフトの走行や機械装置などによる動的な荷重を考慮する必要がある。フォークリフトは数トンオー

ダーの重量が集中的に床に作用するので別途検討が必要である。また荷物の積み下ろしでの衝撃的な荷重の影響も考慮する。断面変化のあるデッキプレートスラブでは局部的な載荷でひび割れることがあるので、倉庫ではできるだけフラットスラブとする。

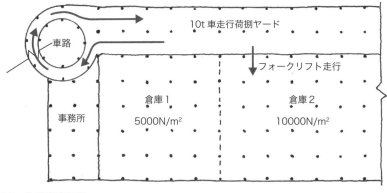

図1 物流倉庫の例

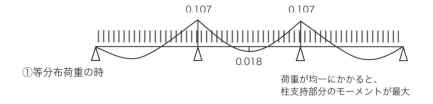

①等分布荷重の時

荷重が均一にかかると、
柱支持部分のモーメントが最大

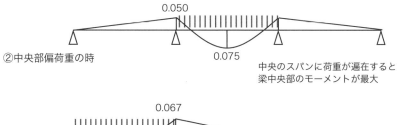

②中央部偏荷重の時

中央のスパンに荷重が遍在すると
梁中央部のモーメントが最大

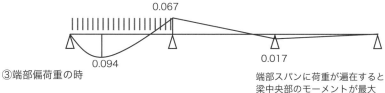

③端部偏荷重の時

端部スパンに荷重が遍在すると
梁中央部のモーメントが最大

図2 部分載荷による偏荷重の例

▶鉄骨造の大規模商業施設で、2階ひろばの床が、大人が歩いたり、子供が走ったりすると振動した。来館者が「床が揺れて気持ちが悪い」と不安がった。

1. 大スパン軽量床は上下振動に共振する

　S造の床板はデッキプレートに配筋するものや、配筋と一体になった合成デッキなどがある。スラブの厚さが短辺方向長さの1/30（跳ねだしスラブの場合は、厚さが跳ね出し長さの1/10）以上あれば、床の振動は問題にならない。床の振動が問題になるのは、床を支持する小梁や大梁の剛性の問題である。大梁の端部は柱に剛接されるので剛性を確保しやすいが、小梁端部は大梁にピン接合されるのでたわみや振動を起こしやすい。

2. 振動対策は梁とスラブの剛性を高める

　大スパン鉄骨梁の振動については、学会の各種合成構造設計指針で合成梁の設計法が詳しく解説されている。振動許容のクライテリアはおなじく学会の居住性指針を参考にするとよい。また、スラブの剛性については15Hz、梁は5Hz以上を確保するとよい。少なくとも歩行振動の卓越振動数である2Hzや励起されやすいその倍振動の4Hzなどとの共振はさける。

3. 梁の剛性を高めるには

　梁の剛性を高める方法として梁成を大きくする以外に、梁上のスラブと一体の剛性梁、ウエッブの両側にRCを一体にしたSC梁、下フランジをRCで固めたプレビームがある。制振装置TMDを設けた梁にするのも振動対策に有効である（図1）。

4. 床構造の剛性を高めるには

　床振動は建物全体の床が同時に揺れることはなく、局部的である。局部的な力に対してより広い部分が抵抗できるようにすればよい。同じ力に対して、重たいものほど動きにくいので、振動する部分の重量が大きくなるような梁組みとする。小梁の剛性が不足する場合は、両端ピンの単純梁を小梁同士が剛接されて連続する連梁にするとよい。こうすると、小梁中央部分だけ

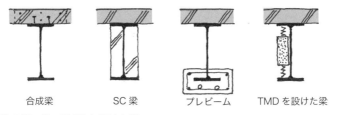

の重量だけでなく，広い範囲の重量で揺れに抵抗できる。隣り合う大梁同士を小梁で剛接して繋ぐことで，振動を抑えることもできる。床の振動は床の固有振動数域のみを抑えればよいので、振動エネルギーを吸収する制振装置TMD を付加して，減衰性能をアップすることが有効な方法である。床振動対策用に床置きやフリーアクセスフロア内に設置できるコンパクトな制振装置が開発実用化されている（図2、3）。

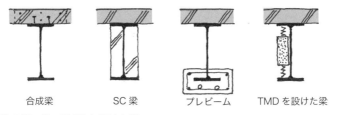

合成梁　　　　SC梁　　　　プレビーム　　TMD を設けた梁

図1　剛性の高い梁・TMD を設けた梁

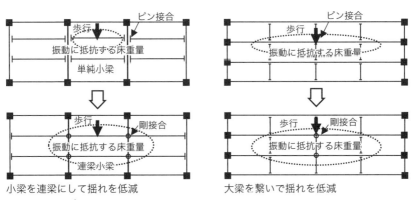

小梁を連梁にして揺れを低減　　　　大梁を繋いで揺れを低減

※抵抗する床重量が大きいほど揺れは小さくなる

図2　小梁を剛接して振動を低減

図3　床制振ダンパーの例

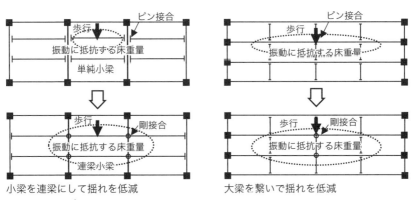

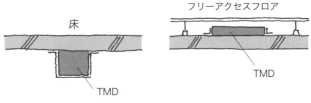

▶鉄骨階段は人が上り下りすると歩行音が発生する。避難階段でも、日常使う鉄骨階段の場合は、使う人も周りの人も歩行音が騒音として気になる。

1. 鉄骨階段は靴で鉄板をたたくのと同じ

一般的な鉄骨階段の段板は薄い鉄板一枚を折り曲げて剛性を持たせ、ささら桁に溶接したものが多い。上り下りするときに、その薄い鉄板を靴でたたくため鉄板が振動し、ささら桁に振動が伝い全体で騒音となる。

2. 騒音が少ない階段に

振動や騒音を少なくするには、まずは鉄骨階段のささら桁や段板の鋼材を厚くし剛性を高めることである。段板部にモルタルを詰める、段板を PCa 板にするなども効果がある。段板に制振鋼板を用いたり、段裏に制振パッドを貼ったりするのも効果がある。また、段板の仕上げ材をクッション性のある塩ビシート張りやタイルカーペット等にすることにより騒音を小さくできる（図1）。

3. 長い階段の振動防止策

スパンの長い直階段では階段本体に制振装置を設けて、振動を押え騒音を小さくすることも可能である（図2）。また、鉄骨階段の中央部に振動センサーを設け、両端のセンサーに反応するアクチュエーターを設けて階段ササラ桁の振動を制御する方法も開発されている。

4. 集合住宅の階段は躯体とは縁を切る

集合住宅の途中階に設けた共用部に設置する階段や、メゾネットタイプの住戸内の階段は、歩行時の振動が隣接した住戸や上下階の住戸に固体伝搬音として伝わり振動騒音となる。躯体と鉄骨階段の接合部に防振材を設けたり、EXP. J で絶縁したりすることで振動騒音を抑えることができる。

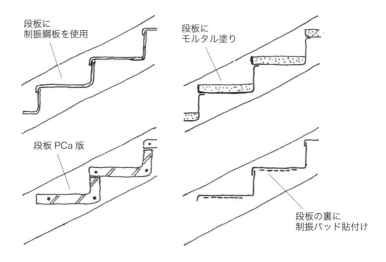

段板に
制振鋼板を使用

段板に
モルタル塗り

段板 PCa 版

段板の裏に
制振パッド貼付け

図1 段板の制振の例

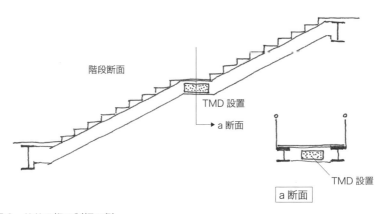

階段断面

TMD 設置

a 断面

TMD 設置

a 断面

図2 ササラ桁の制振の例

▶仕上げの下地材を本体鉄骨に直接溶接したところ本体鉄骨に溶接欠損が生じた。

1. 仕上げ下地材の本体鉄骨への直接溶接は原則不可

鉄骨は溶接熱による材料硬化などで粘りが著しく低下し所定の性能が発揮できなくなる。仕上げ下地材と本体鉄骨との溶接接合部は特別な配慮が必要である。特に鉄骨が高強度になるほど溶接熱の影響が大きくなるので注意する。仕上げ下地材が軽微な部材だからと点溶接やショートビードにすると本体鉄骨を痛めるので不可である。

2. 仕上げ下地材を溶接するための先付け捨てプレートを用意する

仕上げ用ピースの現場溶接は、工場で取り付けた捨てプレートに行うことが望ましい。捨てプレートを現場溶接すると、ショートビードやアンダーカットなどの問題が生じる可能性があるので、工作図にて詳細を決定し、工場溶接とする。先付け捨てプレートとしては金属屋根のタイトフレームの下地や外装の PCa 版や ALC パネルの取付け金物の下地、間仕切りの下地材などの先付け材がある（図 1、2）。

3. 仕上げ下地材を本体鉄骨に直接現場溶接するとき

どうしても捨てプレートを現場で本体鉄骨に溶接しなければならない場合は次のことを遵守する（図 1）。

①溶接作業は溶接技能有資格者が行うこと。

②隅肉溶接を基本とし、ショートビードは避ける。脚長 4mm 以上、溶接長さ 40mm 以上とする。

③溶接後の検査を行い、記録を残す。

4. 仕上げの下地材をボルト取付けするとき

溶接に代わって、ボルトやビスなどを使用する場合は、本体鉄骨にボルト孔やビス孔などの断面欠損を生じないように、ボルトやビス孔をあけた捨てプレートを本体鉄骨に工場溶接で取り付ける。

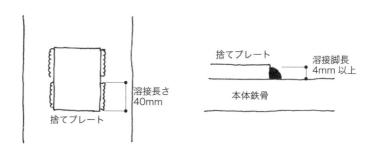

図1 捨てプレートの溶接

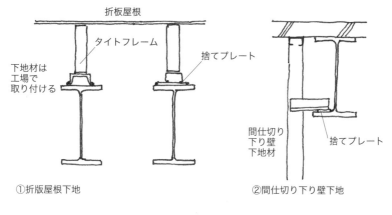

①折版屋根下地　　　　　　　②間仕切り下り壁下地

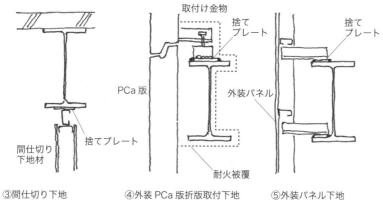

③間仕切り下地　　④外装 PCa 版折版取付下地　　⑤外装パネル下地

図2 捨てプレートの取付け例

▶2019年9月千葉県に上陸した台風15号は千葉市で最大瞬間風速50m/sec超を記録した。電柱や送電鉄塔が倒れ、屋根の瓦や金属折板屋根がめくれて飛散するなどの被害が発生した。

1. 屋根にかかる風圧力は負圧に注意

　折板屋根にかかる風圧力は、建物規模や屋根の形状によって異なる。壁面開放型の建物でも、風圧力は負圧（屋根を上方に剥がす力）となる。折板屋根を固定するタイトフレームは、鉄骨大梁や小梁に溶接で固定する。小梁は屋根勾配に直交する方向とし、タイトフレームのピッチに合わせて配置する。風圧力に対する小梁のピッチ（タイトフレームのピッチ）は、構造設計者に確認することが大事である。折版屋根が強風で飛散したのは、タイトフレームのピッチが広く、風圧力に耐え切れなかったか、タイトフレームの溶接固定が十分でなかったことによる（図）。

2. 屋根ふき材の飛散防止には仕様規定と構造計算の基準がある

　屋根ふき材、外装材及び屋外に面する帳壁は、建基法令39条、並びに、建告109号（改正令和元年）で、荷重又は外力によって脱落しないように、構造耐力上主要な部分に緊結しなければならないと定められている。また、風圧に対する構造耐力上の安全性を確かめるための構造計算の基準は建基法令82条の4、並びに、建告1458号（平成12）で規定されている。

3. 折板屋根の棟部や軒先、けらば部分が大事

　折版屋根の棟包みや、けらば包みが強風で飛散することがある。また、軒先から風が入り屋根がめくられることもある。棟部やけらば部が破損すると折版屋根本体も損傷を受ける。棟部や軒先、けらば部分は強固に固定する。

4. 二重折版屋根は熱伸びで取付ボルトが疲労破断することがある

　二重折版屋根は日射で熱伸びを繰り返し、タイトフレームに止め付けているボルトが疲労破断し、強風時に折版が飛散した事例がある。点検等のメンテナンスも重要である。

5. 基準風速 34m/secの地域における屋根材にかかる風圧力は？

　屋根材は荷重又は外力によって、脱落、浮き上がりを起こさないようにしなければならない。下図に示す片流れ屋根の建物で、勾配10度の折版屋根が風下に向いているとする。基準風速34m/secの地域で、屋根コーナー③部の風圧力は−2480N/m²の負圧となる。この負圧で剥がされない屋根材を選定するとともに、鉄骨に固定しなければならない。屋根材にかかる風圧力の算定式は次の通り（平成12年建設省告示1454号、1458号）

風圧力：$W = q \cdot Cr$　　q（平均速度圧）$= 0.6Er^2Vo^2$　地表面粗度区分Ⅲとする

　　　　　　　　　　Er（平均風速の高さ方向の分布係数）$= 1.7 \, (H/450)^{0.2}$

　　　　　　　　　　Vo（基準風速）：34m/secの地域とする

　　　　　　　　　　Cr（ピーク外圧係数）：−4.3　片流れ屋根のコーナー部③

構造骨組み用風荷重についても考慮する必要がある

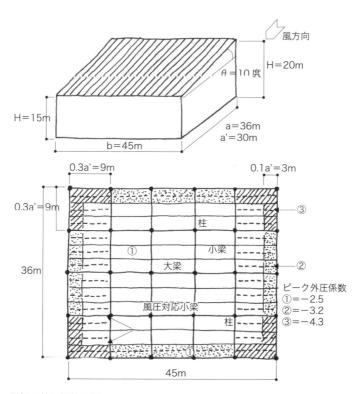

図　屋根の外圧係数の例

▶平成 26 年 2 月の豪雪で降雪後に降雨が重なった地域で S 造の体育館など
の屋根が損壊する事案が発生した。

1. 積雪後に雨がしみこみ、荷重がオーバー

　S 造体育館の屋根はゆるいかまぼこ型の緩勾配であった。S 造屋根の固
定荷重は 1000N/m²、ちなみに RC 造屋根は 5000N/m² であり、屋根の非歩
行の LL は 900N/m² である。体育館のある地域は多雪区域外で垂直積雪量
は 30cm であり、600N/m² の積雪荷重で設計した。この事案では積雪 50cm
（1000N/m²）の後の降雨量は 20mm ほどで、積雪と合算すると 1200N/
m² となり、屋根の総荷重は 3100N/m² で設計値の 1.24 倍（3100/2500）
に増えたのが屋根崩落の原因である。同条件での RC 造屋根では 1.09 倍
（7100/6500）でしかない。軽量の屋根ほど積雪荷重に対する余裕が小さい
のである。

2. 降雪後の雨を見込んだ積雪荷重による構造計算

　この事案を受けて、積雪荷重の強化について国土交通省告示第 80 号（平
成 30）が改正された。以下の 4 項目すべてが該当するものが対象となり、
降雪後の降雨を考慮した割増係数を乗じて設計する。

　①多雪区域以外の区域で垂直降雪量が 15cm 以上の区域にある建築物
　　（図 1）。

　②棟から軒先までの長さが 10m 以上の屋根

　③屋根勾配が 15 度以下の緩勾配の屋根　　　　　　　　（図 2）

　④金属屋根などの屋根重量が軽い建築物

　積雪荷重＝d×20（N/m²・cm）×μb×α

　割増係数　$\alpha = 0.7 + \sqrt{\dfrac{\text{屋根勾配と棟からの軒先までの長さに応じた値 dr}}{\text{屋根形状係数}\mu b \times \text{垂直積雪量 d}}}$

　垂直降雪量：d（単位 cm）

　屋根形状係数：μb　　$\mu b = \sqrt{COS(1.5\beta)}$

※棟から軒までの長さ 25m、勾配 2 度、垂直積雪量 30cm の場合、約 1.25 倍の割増係数となる。

表　dr：表に掲げる数値をそれぞれ直線的に補間した数値とする

最上端から最下端までの水平投影の長さℓ（単位m）	屋根勾配β（単位度）	dr の数値（単位m）
10	2 以下	0.05
	15	0.01
50	2 以下	0.14
	15	0.03

①多雪区域以外の区域で
　垂直降雪量が 15cm 以上の区域

図1　多雪区域以外の区域 （国交省告示第 80 号概要）

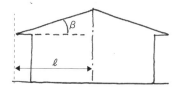
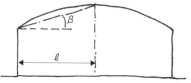

②棟から軒までの長さ ℓ：10m 以上
③屋根勾配 β：15 度以下
④屋根重量が軽い

図2　大スパン・緩勾配の屋根

▶S造物流倉庫の荷捌場に大きな鉄骨庇を設けた。庇の鉄骨は建屋本体の柱に設けたガセットにボルト止めで取り付けた。数年後に、大庇の梁の端部が破断した。

1.　鉄骨部材は外気温の変化で伸縮を繰り返す

　外気にさらされた大庇の鉄骨部材は、夏期は日射により50℃以上に熱せられ、冬期は放射冷却で0℃以下に冷やされる。このように外部に設置される鉄骨部材は、四季を問わず外気の温度変化により熱膨張や収縮を繰り返し、過酷な状況に晒されている。庇の梁の端部のガセットPLが繰返しの面外曲げを受けて、疲労で破断を起こした。

2.　建屋の内部と外部では鉄骨部材の熱伸び率は違う

　S造の物流倉庫本体の柱からガセットを跳ねだして、それに庇鉄骨梁をボルトで接合していた。大庇鉄骨梁は、外部から受ける熱により伸縮を繰り返す。長さ10mのつなぎ梁が30度の温度差を受けると、線膨張係数1×10^{-5}より10m×30度×1×10^{-5}/度＝3mmの熱伸縮の変形を繰り返す。この変形が繰返し強制されると鉄骨疲労で破断する（図）。

3.　熱伸縮の影響を受けにくい鉄骨配置と取付け仕口の納まり

　直接、日射が当たる鉄骨については、鉄骨梁の接合方法を熱伸縮の影響が出ないようにする。具体的には、剛接合部材との接合方法は熱伸びに対して追従できる納まりとする。鉄骨部材が圧縮されて座屈をすると、大きなたわみ変形が生じるので注意する（図）。

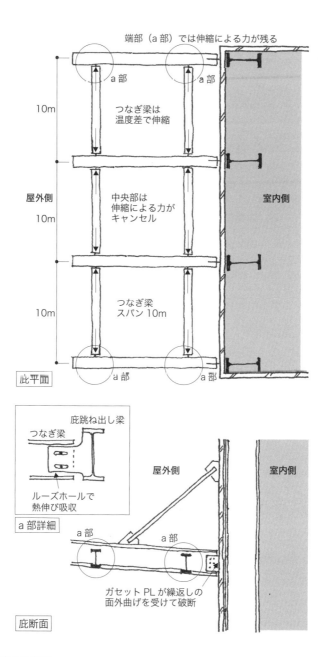

図　鉄骨庇の熱伸縮

▶ 鉄骨造でコンクリート系パネルや金属系パネルなどを外装材とし、外壁に窓などの開口部を設けた。その窓が台風による強風で、窓とその上部垂れ壁及び下部の腰壁が内側に撓んだ。

1. 単窓の開口補強

　単窓の場合、開口補強は二次部材であるため、構造図に示されないことが多い。上記事案は窓周りだけの開口補強にしたため、窓とその上下部のパネルにかかった風圧力によって撓んだ。単窓の開口補強でも窓とその周囲にかかる風圧力を考慮して、その力を主要構造部である梁や柱に伝えるように補強しなければならない（図1）。

2. 横連窓の開口補強

　横連窓では、床レベルからサッシ中央部までの面積とサッシ中央部から上部の床レベルまでの面積に対して風圧力がかかる。

1）横連窓で間柱を設けるとき（図2－①）

　　間柱を設ける場合は、横連窓のマリオン（縦桟）の位置に間柱を配置するため腰壁や垂れ壁の支持は柱と間柱及び間柱と間柱の間に開口補強を入れることになる。室内側に間柱が出る。

2）横連窓で耐風梁を設けるとき（図2－②）

　　耐風梁方式は横連窓の中心から上下それぞれ腰壁または、垂れ壁までの風圧力を負担するための耐風梁を設ける。耐風梁のスパンが長いときは垂れ下がり防止に、束材や吊り束が必要である。耐風梁は水平に風荷重を受けるためH型鋼の場合は弱軸使いとなる。この場合窓の額縁が大きくなり、部屋も狭くなるが、連窓サッシはすっきり納まる。

3）横連窓で耐梁束を設けるとき（図2－③）

　　耐風束方式は、梁の上下の束を一本にして梁に剛接合させ、風圧力を負担させる。これにより束の先端のつなぎ材を小さくできるので、内部空間をすっきり見せることが出来る。

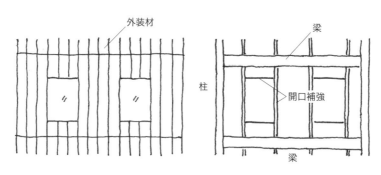

図1　単窓の開口補強

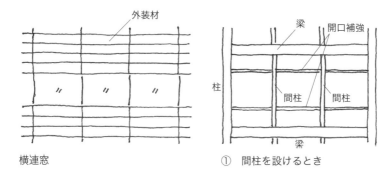

横連窓

① 間柱を設けるとき

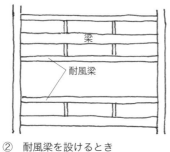

② 耐風梁を設けるとき

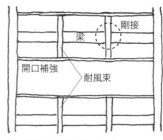

③ 耐風束を設けるとき

図2　横連窓の開口補強

▶ 鉄筋コンクリート造の建物外壁にひび割れが発生し、コンクリートが剥落した。部分的に鉄筋が腐食して露出している部分もある。

1. 鉄筋のかぶり厚さの不足

　鉄筋コンクリート造の鉄筋はコンクリートのアルカリで保護されている。コンクリートは空気中の炭酸ガスなどで次第に中性化されていく。中性化が進み微細なクラックなどから雨水が侵入すると鉄筋が錆びはじめ、やがて体積膨脹によりコンクリートを押し出し破壊する。鉄筋のかぶり厚さの不足が原因である。

2. 鉄筋のかぶり厚さの基準は建築基準法で規定されている

　かぶり厚さとは、もっとも外側にある鉄筋の表面から、コンクリート端部までの最短距離を言い、建築基準法施行令第 79 条に最小かぶり厚さが決められている。住宅性能評価劣化等級や長期優良住宅などでは「鉄筋のかぶり厚さ」が指標となっている。

3. 目地底のかぶり厚さを確保する

　打継目地やひび割れ誘発目地の目地底から最小かぶり厚さを確保する。目地部のシールは耐久性がないため仕上げなしと考える。また、防水のための切欠き部などでも必要厚さを確保しなければならない（表 2）。

4. 施工誤差を見込んだかぶり厚さで設計する

　鉄筋のかぶり厚さを確実に確保するためには施工誤差 10mm をあらかじめ見込んだ設計かぶり厚さを確保することが必要である（表 1）。

5. 仕上げありとは中性化に有効な仕上げがあること

　鉄筋のかぶり厚さにおける仕上げありとはコンクリートに石やタイルをはる、モルタルを塗るなどで、コンクリートを保護し中性化を防ぐために有効な仕上げがあることをいう。『公共建築工事標準仕様書（建築工事編）』では、仕上げ塗材や塗装は仕上げがないのと同じ扱いにしている。仕上げなしの時は 10mm 以上の増し打ちが必要である。

6. 柱及び梁の主筋に D29以上を使用し、仕上げなしのとき

主筋のかぶり厚さは鉄筋径の 1.5 倍以上確保する（表 2）。

表 1　鉄筋の最小かぶり厚さ（単位：mm）

構造部分の種別				最小かぶり厚さ	設計かぶり厚さ
土に接しない部分	スラブ、耐力壁以外の壁	仕上げあり		20	30
		仕上げなし		30	40
	柱、梁、耐力壁	屋内	仕上げあり	30	40
			仕上げなし	30	40
		屋外	仕上げあり	30	40
			仕上げなし	30	50
	擁壁、耐圧スラブ			40	50
土に接する部分	柱、梁、耐力壁			40	50
	基礎、擁壁、耐圧スラブ			60	70
	煙突等高熱を受ける部分			60	70

（建基法 79 条及び住宅性能表示制度・劣化対策等級基準より）

表 2　外壁の鉄筋のかぶり厚さ（単位：mm）

一般

地盤

木造

S造

RC造

その他構造

耐震・免震

非構造

050 壁式構造の開口部は変更ができない

RC造

▶ 低層の RC 住宅を壁式構造で設計した。着工後、建築主から 1 階の窓を大きくしたいとの変更要望があり、構造計算のやり直しになった。計画変更申請が必要となり、工事が中断した。

1. 壁式構造のメリットは

RC 造のラーメン構造では、外壁のひび割れ対策を考慮するとダブル配筋が必要となり、壁厚は 180mm 以上となる。壁式構造として壁厚 180mm で設計すれば、柱は不要となるので、内部空間がすっきりし、家具などの配置もしやすくなる。また、一般にラーメン構造より壁構造の方が、壁量が多いので、揺れなども小さく耐震性に優れている（図 1、2）。

2. 壁式構造のデメリットは

壁式構造では一定の壁量が必要となるため、ラーメン構造のように大きな開口部を設けて開放的な空間にできないのがデメリットである。ラーメン構造では非耐力壁の開口部の大きさの変更は軽微な変更で処理できることが多いが、壁式構造では開口部を大きくする変更は壁量を小さくする変更となるので、軽微な変更では済まず、計画変更申請が必要となる。構造壁量の変更を伴う改修工事の場合も同様に確認申請が必要となる。

3. 壁式構造で気を付けること

壁式構造を採用したら、以下のことに留意して設計を進めたい。

　①壁量の確保
　②壁は釣り合いよく配置すること
　③上下階の壁位置はできるだけ合わせること（図 3）
　④隅角部の壁は構造上有効
　⑤設備荷重や PS や DS は早期に決める

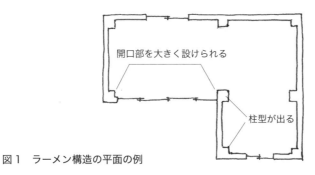

開口部を大きく設けられる

柱型が出る

図1　ラーメン構造の平面の例

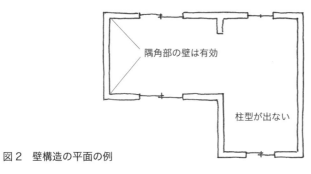

隅角部の壁は有効

柱型が出ない

図2　壁構造の平面の例

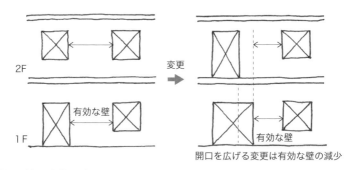

2F

変更

1F

有効な壁

有効な壁

開口を広げる変更は有効な壁の減少

図3　構造耐力上有効な壁の例

▶1995年の阪神・淡路大震災では、RC造の壁がひび割れただけでなく、窓際の柱や、ピロティの柱も大きく崩壊し、建物の破壊に至ったものもある。

1. 地震被害は柱と壁のひび割れに現れる

RC造の建物の地震被害は、柱や壁などにひび割れ破壊が生じたために、建物の重量を支えることが出来なくなって、倒壊などの大きな被害となっている。

2. 地震力を受ける柱のひび割れは曲げモーメントとせん断力による

コンクリートのひび割れは引張力によって生じ、ひび割れの方向は引張力の方向と直交する。地震の水平力が働くと大きく曲げられ、柱端部で柱材軸方向に引張が生じるのでひび割れは横方向に生じる。柱が太短いと曲げが起きる前に部材の中間で斜め方向に引張が生じてひび割れる。曲げひび割れは柱端部で横方向に、せん断ひび割れは柱中央で斜め方向に生じる（図1）。

3. せん断破壊は急激に進むので、建物の破壊を起こす

曲げによる破壊は力を保ちつつ変形が進み、粘りがあるので急激に破壊することはない。一方、せん断による破壊は粘りがなく急激に進む（脆性的）ので、建物の大きな被害を引き起こす。

4. 柱のせん断破壊の対策

RC造の柱のせん断破壊を防止するには、次の対策が必要である。

①**短柱を無くす**：曲げ破壊がせん断破壊に先行するように短柱をなくす。柱の内法高さを柱幅の2倍以上に大きくする。

②**構造スリットを設ける**：柱付きの腰壁や垂れ壁に構造スリットを設ける（図2）。

③**帯筋を増やす**：せん断変形に耐えるように帯筋のピッチを細かくする。また、帯筋に高強度鉄筋を用いて、内部コンクリートや主筋への拘束効果を大きくする。また、柱に炭素繊維を巻くのも効果がある（図3）。

④**鋼板補強する**：ピロティの柱では配筋に配慮が必要である。鋼板巻き

補強も効果がある。

5. 部材の安全率にはバランスが必要

　部材設計には破壊に対する安全率が取り入れられている。致命的な破壊に対する安全率は十分に大きくとる。部材の耐力は安全率を考慮して実際の耐力よりも小さめに設定されるが、他の部材への影響を考えた場合は、部材耐力を小さくすることが必ずしも安全にはつながらない。1995 年の阪神・淡路大震災では、壁の耐力を小さく見積もって周辺柱の設計を行ったため、想定以上の力が壁から柱に入って柱が破壊した例がある。

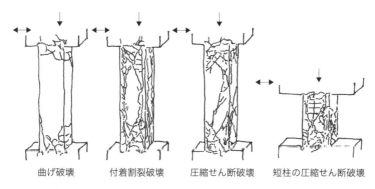

| 曲げ破壊 | 付着割裂破壊 | 圧縮せん断破壊 | 短柱の圧縮せん断破壊 |

図1　柱の破壊

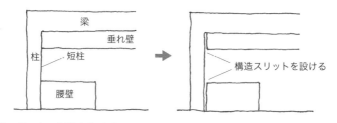

図2　構造スリットで短柱を無くす

帯筋を増す　　炭素繊維を巻く　　鋼板を巻く

図3　柱の補強

▶RC 造で化粧打ち放し仕上げのフレームに大きなひび割れが入って、見苦しくなっただけでなく、構造耐力上の不安感を与えてしまった。

1. RC造のひび割れは避けられない

　鉄筋コンクリート造は、引張に強い鉄筋と圧縮に強いコンクリートを組み合せた構造である。コンクリートは引張力でひび割れる。引張力を受ける鉄筋の周りのコンクリートも同じように引っ張られるので、鉄筋の伸びに応じてコンクリートにひび割れが生じる。鉄筋が有効に働く限り、コンクリートのひび割れは避けられない。

2. 曲げや引張では鉄筋に直交する方向にコンクリートがひび割れる

　柱や梁の曲げや引張りでは材軸方向に引張力が働き、軸方向鉄筋（主筋）が引張軸力を負担する。コンクリートは引張力に直交するようにひび割れる（図−①③）。

3. せん断では45度方向にひび割れる

　せん断に抵抗する鉄筋として、梁ではあばら筋（スターラップ）、柱では帯筋（フープ）が軸方向に直交するように配筋されている。ところがせん断によるひび割れはこれらの補強筋に直交する方向（＝軸方向）ではなく、45度方向に入る。これは、45度方向に働く引張力を、施工や納まりの都合で軸直交方向に鉄筋を配して処理しているためで、本来は45度に配するのが合理的である（図−②④）。

4. RC造のひび割れを少なくするには

　コンクリートのひび割れは、曲げひび割れとせん断ひび割れに分けられる。曲げひび割れは曲げを負担する鉄筋に生じる応力度を抑える。せん断ひび割れは、コンクリートのせん断応力度を小さく抑えるか、せん断補強筋の応力度を大きくしないことで少なくできる。すなわち、RC 造の構造設計では、コンクリートに引張力は期待しないが、せん断は圧縮の 1/10 程度の強度を想定している。

① RC断面を大きくして、コンクリートに生じる応力度を制限する。

② 鉄筋を増やすことで、コンクリートのひび割れの拡大を防ぐことができる。

③ 材料や調合によっても、地域ごとにコンクリートの収縮率がちがうので、それに対応した膨脹コンクリートを使う。

④ セメント量を減らし、水も減らすなどによってコンクリートのひび割れを減少させることができる。

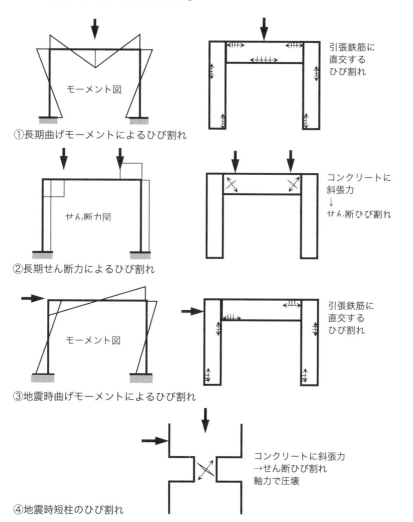

①長期曲げモーメントによるひび割れ

②長期せん断力によるひび割れ

③地震時曲げモーメントによるひび割れ

④地震時短柱のひび割れ

図　RC躯体のひび割れ

▶ コンクリートの躯体に取り付けられた横連窓などの建具の方立が座屈変形し、ガラスが割れたり、障子が動かなくなったりすることがある。

1. コンクリートの躯体はクリープを起こす

コンクリートの躯体の梁やスラブは自重でたわむ。これを初期たわみという。その後、更に積載荷重も加わって、経年により、たわみが進む。この現象をクリープ現象という。上階の梁がクリープして中央部が下がり、下階がほとんどクリープしないとき、その開口部に設けられた建具の方立が圧縮されて座屈変形を引き起こすことになる（図1）。

2. クリープ変形量は予測できる

コンクリート梁や床の固定荷重（自重）及び積載荷重によって生ずるたわみの最大値を計算し、それに長期間の変形増大係数を乗じて、それを部材の有効長さで除した値が1/250以下であることを確認しなければならない（建告第1459号）。例えばスパン6mで梁の有効長さが5mのたわみ制限は20mmとなる。RC梁の変形増大係数は8であることから初期たわみは20/8 = 2.5mmとなる。すなわち建具取付け時に2.5mmの初期たわみがあり、取り付け後、さらに17.5mm変形すると予測できる。スパンが大きいほどクリープ変形量も大きくなる。なお、コンクリートスラブの場合の変形増大係数は16で、梁の2倍である。

3. クリープ変形の対応はクリープ変形量を吸収する納まりで

梁のクリープが想定される梁下に建具を取り付ける場合は、梁のクリープ変形量を吸収しするようにしなければならない。方立の頂部や上枠の取付け金物をスライド型金物としてクリープを吸収する方法と、方立の上部に緩衝材を設けてクリープを吸収する方法がある。後者の場合の上枠の固定は方立ての緩衝材をよけた部分とする。クリープ変形に追従できるようにしておくと、建具の方立の熱伸びにも対応できる。

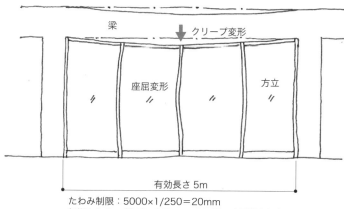

たわみ制限：5000×1/250＝20mm
初期たわみ：20/8＝2.5mm　RC 梁の変形増大係数：8

図1　方立の変形の例

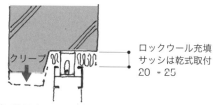

ロックウール充填
サッシは乾式取付
20～25

図2　上枠取付け金物でクリープを吸収する

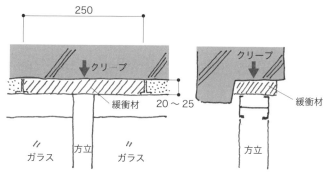

図3　方立上部の緩衝材でクリープを吸収する

▶設備配管のために、RC 梁に梁貫通孔を設けたがひび割れを生じた。貫通補
強はしたが、貫通孔の間隔が基準より狭かった。また、あと施工した部分は
補強もなく、あばら筋（スターラップ）や腹筋も切断したため、梁全体の施
工やり直しとなった。

1.　RC梁のあと施工での梁貫通は禁止

あと施工が禁止される理由はつぎのとおりである。

①貫通部は断面欠損しているので、補強が必要となるが、あと施工では補
強が極めて困難である。

② RC 梁のあばら筋は@ 200 前後で配筋されているので、貫通径や位置
によってあばら筋の切断が避けられない。また主筋を切断することも
ある。RC 梁の鉄筋を切断した場合、切断前と同じ耐力を保証するよう
な補強はできない。

2.　梁貫通は一定の基準がある

RC 梁の梁貫通についてはその位置、大きさ、ピッチなど細かく規定され
ているので、その範囲で計画する。大口径になれば構造計算が必要で、既製
品の採用も構造計算でチェックする必要がある（図1）。

3.　SRC造の梁貫通

SRC の梁貫通範囲はブラケット継手がある場合と無い場合で異なる。

4.　設備配管計画が決まらないときは予備スリーブを

設備配管計画は構造設計の手戻りとならないタイミングで行う。設備配管
計画が決まらないとき、また、将来の設備計画の変更に対応できるようにし
たいときは、予備スリーブを予め設けておくとよい。

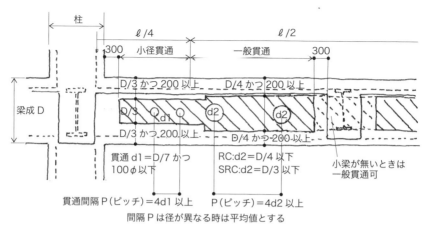

図1　RC及びSRCノンブラケット継手の梁貫通孔

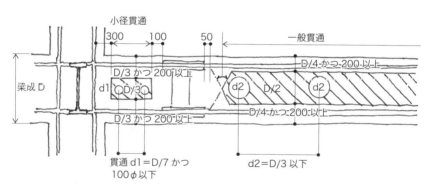

図2　SRCブラケット継手の梁貫通孔

▶集合住宅において上階の住戸で子供が飛び跳ねたり、走ったりする音や家具を動かす音などの生活音が下階住戸や隣戸へ伝搬し、騒音クレームとなった。

1. 集合住宅の生活音

　集合住宅の生活音には、話し声やピアノ演奏などの空気の振動によって伝わる空気伝搬音と建物の床や壁など躯体の振動で伝わる固体伝搬音とがある。空気伝搬音を防止するには、住戸間界壁や床、天井の下地材や仕上げ材の他、外装サッシの遮音性能を上げることである。固体伝搬音には、軽量床衝撃音と重量衝撃音がある。

2. 軽量床衝撃音（LL）と重量床衝撃音（LH）

　軽量床衝撃音は、人間が靴で歩行したときに発生する軽くて硬い音や家具を動かすときに発生する床衝撃音である。重量床衝撃音とは、子供が走ったり、飛び跳ねたりしたときに発生する重くて柔らかい床衝撃音である。集合住宅における遮音性能の目安については、日本建築学会による集合住宅の遮音性能基準がある。その一級（推奨）では、軽量衝撃音でL-45（あるいはLL-45）、重量床衝撃音でL-50（あるいはLH-50）とされている。建物の床衝撃音レベルを表すL値は、数字が小さいほど遮音性が高い（表1）。

3. 軽量床衝撃音（LL）に対する対策

　軽量床衝撃音は、主としてコンクリートスラブの上に施工される表面仕上げ材と下地材の衝撃緩和効果に関係する。軽量床衝撃音を低減するには、できるだけ柔らかい仕上げ材であるカーペットを敷き詰めればよい。フローリング仕上げにする時は防振二重床が優れている。この場合床振動が壁に伝わらないように、壁際で縁切りを確実にしなければならない（図）。

4. 重量床衝撃音（LH）に対する対策

　重量床衝撃音の遮音性能は、カーペットなどの軟質仕上げ材を用いる方法では効果はほとんどなく、構造躯体の床の質量と剛性に左右される。スラブの遮音性能はスラブ厚とスラブ面積に関係しており、遮音性が高いのは厚く

て、面積が小さい振動しにくいスラブである。スラブ厚、スラブ面積と重量床衝撃音に対する遮音等級の目安として、日本建築学会・騒音防止設計資料がある。例えばスラブ厚 200mm でスラブ面積が $25m^2$ の場合は L － 50 の遮音等級である。$40m^2$ を超える大面積のスラブを採用する場合は、スラブ面積と厚みにより、補正が必要となるので、遮音計算をして確認する。

表1　集合住宅の遮音等級と適用等級（日本建築学会遮音性能基準）

室内部位の性能項目	性能基準	適用等級			
		特級（特別）	1級（推奨）	2級（標準）	3級（許容）
室間音圧レベル差	隣戸間界壁、界床	D-55	D-50	D-45	D-40
床衝撃音レベル	界床：軽量衝撃音	L-40	L-45	L-55	L-60
	界床：重量衝撃音	L-45	L-50	L-55	L-60

表2　スラブ厚、スラブ面積と重量衝撃源に対する遮音等級の目安
（日本建築学会編・建築の騒音防止設計をもとに作成）

スラブ厚（mm）	スラブの面積（m^2）						
	12	15	20	25	30	35	40
120	L-55	L-60	L-60	L-65	L-65	L-65	-
130	L-55	L-55	L-60	L-60	L-65	L-65	L-65
140	L-50	L-55	L-55	L-60	L-60	L-65	L-65
150	L-50	L-55	L-55	L-60	L-60	L-60	L-60
160	L-50	L-50	L-55	L-55	L-60	L-60	L-60
180	L-45	L-50	L-50	L-55	L-55	L-60	L-60
200	L-45	L-45	L-50	L-50	L-55	L-55	L-55
230	-	L-45	L-45	L-50	L-50	L-55	L-55
250	-	-	L-45	L-50	L-50	L-50	L-55

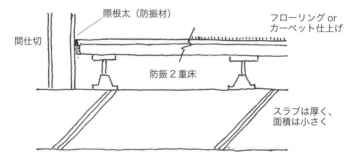

図　集合住宅の床の例

▶RC 造の集合住宅の床がたわんだ。その床にビー玉を置くと転がった。入居者からは「気分が悪い」と言われている。また最下階住戸では乾式間仕切がたわんだ。

1. コンクリートスラブのたわみはひび割れとクリープで増大する

スラブに曲げが働くと引張側にひび割れが生じ、剛性が低下してたわみが増大する。さらに力を受け続けると次第に変形が増加する現象がクリープで、スラブが曲げられると圧縮側のコンクリートに圧縮力が作用し続けるので圧縮側の変形が進んで、たわみを増大させる。また、スラブの乾燥収縮によっても、引張側のひび割れや圧縮側のクリープも助長されるので、たわみが加算される。

2. 対策は使用上の支障が起こらないことを確かめること

コンクリートスラブのたわみに関して、国交省告示第 621 号（平成 19）によって、使用上の支障が起こらないように次の事を確かめなければならないとしている。

①スラブ厚さはスパンの 1/30 以上とする。

厚さ 12cm の RC スラブではスパンを 3.6m（12cm×30）以下とする。

②構造計算されたたわみを 16 倍したたわみがスパンの 1/250 以下であること。

この 16 は変形増大係数といい、1. の 3 つの要因を表している（図 1）。

日本建築学会の集合住宅の許容たわみの推奨値は 1/400 かつ 20mm となっている。

梁で支持されるスラブは、梁支持辺で必ずしも固定とならない。外周や吹抜け部側ではスラブの拘束がないので回転変形を生じて、たわみが増大するので注意する（図 2）。

将来的にたわみの進行が心配される場合は、経年変化を評価するためにたわみの初期値を測定記録しておくことも必要である。

3. 最下階住戸の間仕切りがたわんだ原因も上階床のたわみが原因

　最下階住戸の床は基礎梁と地盤に支持されており、たわみはほとんどない。上階の床のたわみとクリープが1階の間仕切を上から圧迫し、間仕切りがたわんでしまった。スラブの最終クリープ量は簡単に計算で確認できるので、予測されるクリープを吸収する納まりとする必要がある。具体的には間仕切り壁の頂部に、クリープによるたわみを吸収するクリアランスを設けておくことが必要である（図3）。

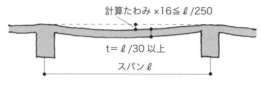

図1　たわみの確認

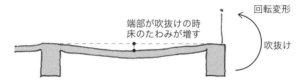

図2　吹抜け側スラブは注意

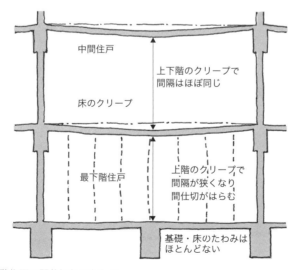

図3　最下階住戸の間仕切りのたわみ

057 跳ね出し庇が垂れ下がった RC造

▶ 外壁からの跳ね出しで設けた庇が垂れ下がり、付け根の上部にひび割れも生じた。

1. RCの跳ね出し庇の厚さは跳ね出し長さの1/10以上

建築基準法施行令第82条第4号では、梁やスラブについて、成とスパンとの条件式を満足しない場合に、使用上の支障が起こらないことを確かめる必要があるとされている。跳ね出しスラブでは、厚さが跳ね出し寸法の1/10以上であれば、使用上の支障の確認は必要とされないので、この厚さを確保しておくことが基本である（表1）。

2. 使用上の支障が起こらない検討ではたわみ計算を行う

跳ね出し庇の先端のたわみ計算は、固定端の状況を考慮して計算する。端部が回転しないような剛な梁に取り付けられている場合は、簡単な端部固定モデル計算で良いが、端部が鉛直方向に変形したり回転したりする場合、控えの部材で回転を止めている場合などは、実況に即した計算を行う。さらに、計算されたたわみを変形増大係数（RCスラブでは16）で割り増して、部材長さの1/250以下であることを確かめる。この変形増大係数は、引張側のひび割れによる増大、圧縮側のコンクリートのクリープによる増大、施工後のコンクリートの乾燥収縮による増大などを考慮して決められている（表2）。

3. 排水溝などの断面欠損にも注意

庇は雨水に曝される上面が引張力を受けるので、排水溝の断面欠損、施工時の上端筋の下がりなどで曲げ抵抗が低下してたわみを増大させる。さらに、上面の引張によってコンクリートがひび割れ、雨水の浸入によって鉄筋が腐食することで破損落下の大きな事故につながるので注意する。

4. 庇のデザインでは固定側が固定となるような納まりとする

デザインや水仕舞によっていろいろな形状の庇があるが、垂れ下がりを防ぐには、支持される側の部材（鉄筋）や断面（コンクリート）厚を確保することが重要である（図）。

表1　使用上の支障が起こらないと考えて良い条件

木造	梁	梁成 > 梁長さの 1/12
鉄骨造	デッキ床	床板厚さ > 短辺スパンの 1/25
	梁	梁成 > 梁長さの 1/15
RC 造	片持ち以外の床	床板厚さ > 短辺スパンの 1/30
	片持ち床	床板厚さ > 跳ね出し長さの 1/10
	梁	梁成 > 梁長さの 1/10
SRC 造	梁	梁成 > 梁長さの 1/12

表2　使用上の支障が起こらないことを確認する方法

たわみ（固定荷重 + 積載荷重）× 変形増大係数 ≦ 部材長さの 1/250

変形増大係数		
木造	梁	2
鉄骨造	デッキ床	1.5
	デッキ床以外	1
RC 造	床	16
	梁	8
SRC 造	梁	4

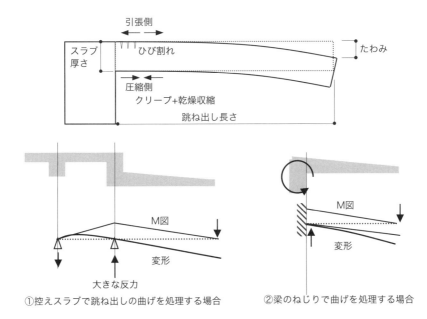

①控えスラブで跳ね出しの曲げを処理する場合

②梁のねじりで曲げを処理する場合

図　跳ね出しスラブの固定

▶集合住宅の跳ね出しバルコニーや開放通路にひび割れが生じた。ひび割れは跳ね出しバルコニーの建物外壁側や外壁に直行方向の側、排水溝付近などに見られた。

1. 長い跳ね出しは収縮ひび割れに注意

　跳ね出しバルコニーの幅が長いとき、必ずひび割れが何ヶ所か発生する。跳ね出しスラブの根元は梁に固定されているが、先端部はフリーになっている。このため先端部から収縮クラックが走るのである。収縮ひび割れはするものとして、@ 3.5m 内外に収縮誘発目地を設けるのがよい。コンクリートの中性化防止や、ヘアクラック等からの雨水侵入対策としてシート防水や塗膜防水をすることも重要である（図−①）。

2. 跳ね出し構造は根元上端がひび割れやすい

　跳ね出しバルコニーや開放通路は外壁側梁からの跳ね出しである。バルコニーと室内側スラブとのバランスを考慮するのが重要である。どちらもスラブの上端筋が引張力に対応しており、十分な強度が必要である。室内と外部で床の段差がある場合は特にバルコニーの上筋の確実な定着や補強などが必要である。跳ね出しバルコニーや開放通路を壁手摺仕様にする場合は、跳ね出しの先端に大きな荷重がかかるので、跳ね出し梁を設けて荷重を受ける（図）。

3. 引込側溝部はひび割れしやすい

　バルコニーの先端の側溝から建物側の竪樋に雨水を引き込むため、引込側溝を設けるとバルコニーの床勾配と逆の勾配が必要になり、跳ね出しバルコニーの根元ではスラブ厚さが極端に薄くなる。鉄筋のかぶりも十分とれず、断面厚の変化もあって、引込側溝部にひび割れが発生する。対策として、建物側への引込側溝を止めて呼び樋を設けて引き込むようにする（図・②）。

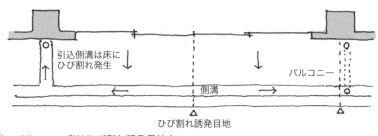

① バルコニー床はひび割れ誘発目地を

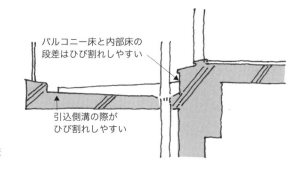

② 引込側溝

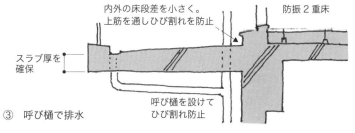

③ 呼び樋で排水

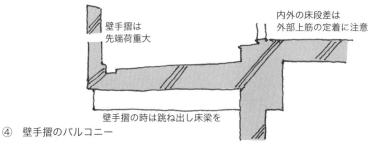

④ 壁手摺のバルコニー

図　バルコニー床のひび割れ

▶0.6m×1m のダクト用の床開口を設けた。その床開口の廻りを補強したが
ひび割れが発生した。

1. 床開口部は補強筋でひび割れを防止する

　床の開口部は、コンクリート内に開口補強筋を配置してひび割れを防止す
る。補強筋はスラブ厚の上下に配置する。スラブ厚が200以上の時は補強
筋のサイズを太くする。1m角を超すような大きな床開口部は周囲に小梁を
設けて補強する。

2. 床開口が 200 φ程度で複数の開口を設ける時

　床の主筋をできるだけ切断しないように開口を配置し、それぞれの開口部
の周囲に補強筋を添えて、さらに全体の4隅に斜め補強筋を配する（図1）。

3. 床開口が 600 角程度の時

　床点検口を設けるなど、600角の開口を設けるときは開口の四方を切断さ
れた主筋と同数の鉄筋で補強し、4ヶ所のコーナー部も45度の配筋で補強
する。補強筋はスラブ厚の上下部に配筋する（図2）。

4. 床開口が 1m 角以上の時

　床開口が1m角以上の時は2方以上に小梁を設けて補強する。2m角以上
となると4方を小梁で囲い補強する。スラブの床開口位置によって補強も
変わるので構造設計者と協議するのがよい（図3）。

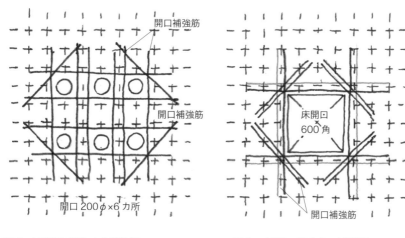

図1　床開口 200 φ の補強例　　　　　図2　床開口 600 角の補強例

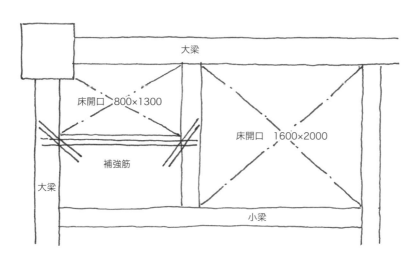

図3　大きな床開口の補強例

▶ 天井には梁を設けずコンクリートの化粧打放しで、天井の高いスッキリとした広い空間を創りたいと考え、フラットスラブで計画したが、柱頭部にキャピタルが出て、結構存在感があり、当初イメージした空間とは異なったものとなった。

1. フラットスラブは柱頭部にキャピタルが必要

梁なし工法としてフラットスラブを採用した。大梁を設けないため天井の高い広い空間を創るのに適しているが、これだけでは水平力の負担がほとんどできないので、耐震壁などの要素を別途必要とする。柱頭部には鉛直荷重を柱に伝達する際のパンチング破壊を防止するためキャピタルを設け、柱頭形状を広げるなどの配慮が必要となる。フラットスラブの厚さが薄い場合や、スパンが10mを越して大きくなる場合はアンボンドPC鋼線による補強を検討する必要がある（図1）。

2. ノンキャピタルのフラットスラブも可能

フラットスラブ工法でも、柱頭部に鋼板を内蔵させて補強すれば、キャピタル無しの設計ができる。また、RC柱を鉄骨無垢柱にすると細い柱のすっきりした空間とすることができる。耐火被覆は耐火塗料にするなど別途検討されたい（図2）。

3. 床の予備スリーブは、あらかじめ施工しておく

フラットスラブにスリーブを施工後に開けるとひび割れの原因になるので不可である。スリーブの位置もスラブのどこでも開けることは困難であるが、建築設備計画上は柱廻りが望ましい。そこであらかじめ、予備のスリーブ位置を決めて補強した上でスリーブを施工し、使わなければ塞ぐと良い（図3）。

4. 無梁版による「スッキリ」とした工法

梁なしの大スパンの「スッキリ」とした広い空間を構成する床工法には、フラットスラブ工法の他にボイドスラブ工法やワッフルスラブ工法がある（図4、5）。

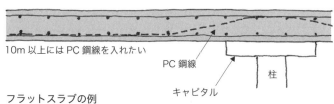

10m 以上には PC 鋼線を入れたい

PC 鋼線

キャピタル

柱

図1　フラットスラブの例

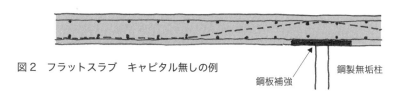

図2　フラットスラブ　キャピタル無しの例

鋼板補強

鋼製無垢柱

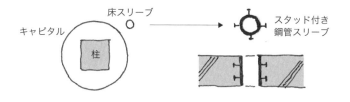

キャピタル

床スリーブ

スタッド付き
鋼管スリーブ

柱

図3　フラットスラブの床スリーブの例

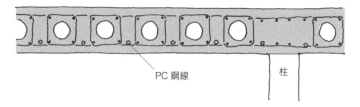

PC 鋼線

柱

図4　ボイドスラブの例

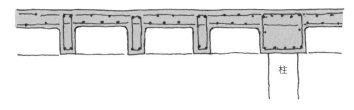

柱

図5　ワッフルスラブの例

RC 床の段差部がひび割れた

▶ 工事途中でトイレをつくることになり、防水のために約 6cm の床下がりが
必要になった。その床の段差部にひび割れが発生した。

1. 床の小さな段差部はスラブの重なりを充分に確保する

　床の段差部は主筋方向で、強度は問題ないと考えて、スラブ筋を曲げるだ
けにした。床の重なりが小さかったため、段差の部分に曲げによる引張力が
働き、コンクリートがひび割れした。小さな段差部のひび割れを防止するに
は、段差部重なりを段差の 5 倍以上確保し、スラブ筋の勾配を緩くするの
がよい（図 1）。

2. 床下がりが大きい段差部は段差小梁を設ける

　床下がりが 100 〜 200 以上の大きい段差部はひび割れ防止のために段差
小梁を設ける。床下がり範囲が広い場合は小梁も下げる必要がある。小梁を
床下がり部分だけ折り下げる方法もあるが、床下がりに合わせて小梁を水平
に下げ、床下がりの無い部分は梁上を増し打ちにする方が鉄筋の納まりも良
く施工性もよい（図 2）。

3. 複雑な床下がりは増し打ち対応する

　床下がり部分が複雑になる場合は、一定の範囲を広めに床下げし、増し打
ちで対応するのがよい。床下げ範囲が変わる可能性がある場合も同様で、最
終は増し打ちで対応できるようにすると良い。増し打ちのコンクリートは軽
量コンクリートでよいが、範囲が広い場合はあらかじめ増し打ち荷重を見込
んでおくとよい。

4. 床下がり部は配管納まりも調整する

　床下げする場合は、床下の排水管のルートや梁貫通が確保できなくなった
り、下階の天井を下げることになったりすることもある。梁の位置、梁下が
り寸法に関しては構造や設備の設計者との早期の調整が必要である。

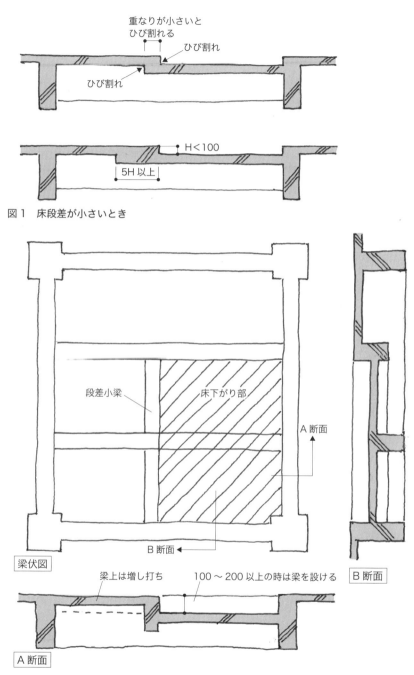

重なりが小さいと
ひび割れる

ひび割れ

ひび割れ

H＜100

5H 以上

図1　床段差が小さいとき

段差小梁

床下がり部

A 断面

B 断面

梁伏図

梁上は増し打ち　　　100〜200 以上の時は梁を設ける

B 断面

A 断面

図2　床の段差が大きいとき

▶コンクリート造の屋上の床をフラットに打設し、後から雨水排水の水勾配を設けるためにモルタルを 1/100 勾配で施工した。防水施工前にモルタルの薄い部分にひび割れが発生した。

1. 屋上水勾配は躯体で確保が原則

　屋上の雨水排水勾配は床躯体で設けるのが原則である。躯体ができたとき防水下地が出来上がっており、防水下地のひび割れがなくなる。万が一防水層が切れたときも躯体勾配に沿ってルーフドレンに水が集まり漏水範囲が狭くなる。また、屋上の荷重が少なくなり、工程も短縮となる。

2. 屋上床躯体で勾配を設けるときのポイントは？

　屋上床躯体で勾配を設けるときは、雨水排水計画と防水仕様をしっかり決めておく必要がある。雨水排水計画では水下、水上の位置と水勾配と各部のレベル（高さ）、ルーフドレン位置、及び防水立ち上がりの高さ（水上仕上高さより 200 以上確保）を決めておくこと。また、直押さえのためにできるだけシンプルな勾配にすること。防水仕様では防水の種類と防水保護の有無により水勾配が変わる。保護コンクリートがある場合は、水勾配は 1/100、シート防水などの露出防水では躯体勾配は 1/50 以上の勾配とし集水のための寄せ勾配は 1/100 とする。機械基礎の位置、大きさ、防水立ち上がり寸法などを明確にすることなども必要である。それらを構造設計者と調整し設計図に示さなければならない（図 1）。

3. 屋上横引きルーフドレン下の梁は下げる

　屋上の横引きルーフドレンは水下コンクリート天端より下げて設置するため、ルーフドレン直下の梁天端は少なくとも 100 以上下げる必要がある（図2）。

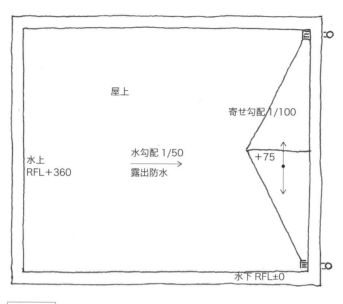

屋上

寄せ勾配 1/100

水上
RFL＋360

水勾配 1/50
露出防水

＋75

水下 RFL±0

屋根伏図

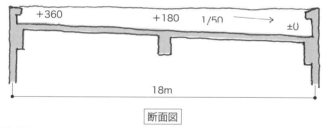

＋360　　　　　　＋180　　1/50　　　　　　±0

18m

断面図

図1　露出防水の屋上の例

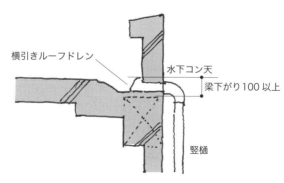

横引きルーフドレン

水下コン天

梁下がり100以上

竪樋

図2　横引きルーフドレン部の梁下がり

▶RC 造の建物の地下躯体や外壁の打継ぎ部から、地下水や雨水が浸入した。

1.　躯体の打継ぎ部の止水は確実に

　RC造は1層ごとにコンクリートを打設して構築される。そこで1層ごとに打継ぎ部が存在する。また、規模の大きな建物では平面で工区を分けて施工する場合があり、垂直の打継ぎ部も発生する。その打継部の止水処理が完全でなかったために、地下水や雨水が打継部から浸入した。

　地下躯体の打継ぎ部で、外防水やシールをすることができない場合、打継ぎ部に生コンクリートと反応して止水する反応接着型ブチルゴム止水板（スパンシールなど）を設置する。

　地上階外壁の打継ぎ部は、シールで止水することになるが、そのシールが切れても、内部へ雨水が浸入しないように、打継ぎ面の室内側を高くしておく。

2.　1階外壁足元の打継ぎ位置は外部巾木の天端に合わる

　1階外壁足元の打継ぎ位置は外部巾木の高さに合わせて設けると良い。

3.　屋上パラペットは最上階躯体と一体打ちに

　屋上の防水立ち上がりを受けるパラペットは、外壁側や天端から雨水が浸入しないように処置をする。パラペットは外壁の一部と考えて、最上階の躯体と一体にコンクリートを打設するのが原則である。パラペットを屋上床面で打ち継ぐと、打継ぎ面から防水層の下に雨水が浸入し、漏水することになる。塔屋の足元の打継ぎもパラペット天端で打継ぐようにする。

4.　打継ぎ目地部の鉄筋かぶり寸法を確保する

　打継ぎ目地底から鉄筋までの最小かぶり厚さは基準法通り確保するのは言うまでもない。打継ぎ部の上下の躯体は一体であり、その目地は不動目地である。したがって止水シールは3面接着でも良い。

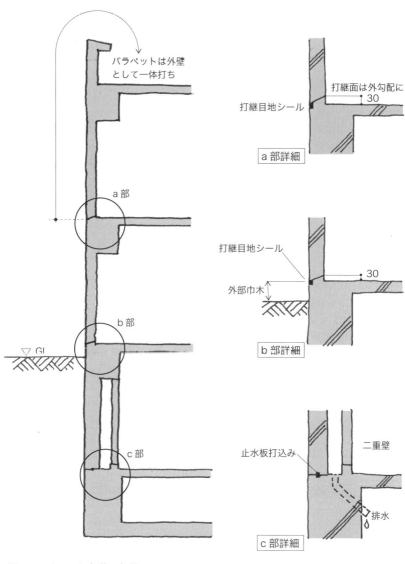

パラペットは外壁
として一体打ち

打継面は外勾配に
30

打継目地シール

a 部詳細

a 部

打継目地シール

30

外部巾木

b 部詳細

b 部

▽ GL

止水板打込み

二重壁

排水

c 部詳細

c 部

図　コンクリート躯体の打継

064 RC壁がひび割れし、漏水した

▶ コンクリートはセメントと水の水和反応で硬化してできる。硬化する段階で乾燥収縮し、ひび割れが発生する。ひび割れは水セメント比や鉄筋量でかわってくるが、全くひび割れが発生しないことはない。ひび割れはコンクリートの宿命でもある。外壁ではそのひび割れが漏水の原因になり、鉄筋がさびて躯体の劣化につながる。

1. ひび割れしやすいところは？

　厚みの薄いシングル配筋の壁面はひび割れしやすい。面積の大きな壁面もひび割れしやすい。建具開口のコーナー部、特に開口補強が十分でないところは必ずひび割れする。また、柱際など断面変化する部位もひび割れしやすい。

2. 外壁のひび割れ防止はまず壁の厚さ確保から

　外壁のひび割れは鉄筋を錆びさせて劣化が進む。まずはダブル配筋のしっかりした壁が必要である。鉄筋をダブル配筋とし、その被り厚さを確保するとしたら壁厚は 180mm 以上必要になる。

3. ひび割れをあらかじめ想定した目地に集中させる

　ひび割れをあらかじめ想定した目地〔ひび割れ誘発目地〕に集中させ、他ではひび割れしないようにする。ひび割れ誘発目地は①大きな壁は 3 ～ 4m ごとに、②開口部はその両側に、③柱の両側に、かつ柱から 0.9m 以内に設けると良い。

　ひび割れ誘発目地の深さは、壁厚の 1/5 ～ 1/4 必要で、場合によっては横筋の一部を切断させることもある。ひび割れ誘発目地部の止水シールは二重シールにするなど、確実に行いたい（図 1、2）。

4. ひび割れ誘発目地は外壁だけではない

　ひび割れ誘発目地はバルコニーやパラペット、腰壁、垂れ壁部、及び外部の RC 塀にも必要である（図 3）。

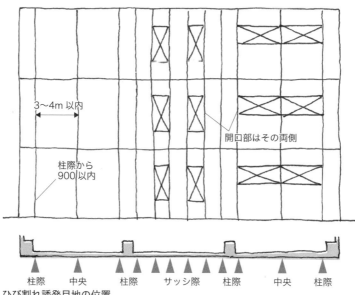

3〜4m 以内

開口部はその両側

柱際から
900以内

柱際　　中央　　柱際　　サッシ際　　柱際　　中央　　柱際

図1　ひび割れ誘発目地の位置

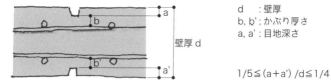

壁厚 d

d　　：壁厚
b, b'；かぶり厚さ
a, a'：目地深さ

$1/5 \leqq (a+a')/d \leqq 1/4$

図2　ひび割れ誘発目地の深さ

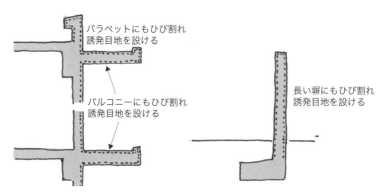

パラペットにもひび割れ
誘発目地を設ける

バルコニーにもひび割れ
誘発目地を設ける

長い塀にもひび割れ
誘発目地を設ける

図3　バルコニーなどのひび割れ誘発目地

▶ コンクリートの外壁がひび割れ誘発目地だらけになると見苦しくなる。ひび割れ誘発目地を設けずにひび割れさせない方法はないのだろうか。

壁を拘束してひび割れを防止する

　壁面のひび割れはコンクリートの乾燥収縮によるので、乾燥収縮によるひび割れを小さくするように鉄筋で補強する方法がある。それは、柱（または間柱）と梁（又は水平リブ）で囲われた面積を 20m^2 以下とし、さらに柱芯から柱芯までの間に水平補強筋 D13 を @ 200 で配して、ひび割れ拘束（分散）する方法である。補強筋を含む鉄筋量は壁断面積に対して外壁では 0.4％、内壁では 0.3％以上とする（図）。

（学会：鉄筋コンクリート造建築物のひび割れ制御指針・施工指針参照）

　耐震壁、耐力壁で鉄筋量がある場合はひび割れしにくく、拘束型になる。

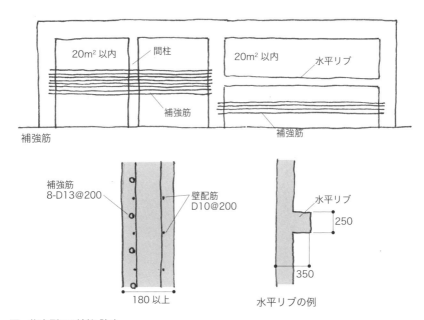

図　拘束型ひび割れ防止

▶ コンクリート造の最上階の外壁に、特に南側や西側の外壁の両端スパンに八の字状にひび割れが入った。

1. ひび割れの原因は躯体の熱膨張

　夏場に外壁や屋上の床が日射で熱膨脹し、外壁を両側に広げる方向の引張力が働き、鉄筋がその引張力に抗しきれずに外壁にひび割れが走ったと考えられる。一般的なコンクリートの収縮ひび割れでなく、熱膨張によるひび割れである。

2. 熱膨張による外壁のひび割れ防止策は？

　躯体の熱膨張による外壁のひび割れ防止策は、構造補強と外断熱がある。

　1）構造的補強案（図）

　　　引張力に抗する方向、すなわちひび割れに直交する方向に補強筋を配置し、ひび割れを少なくする。補強鉄筋はD13を@200程度で配する。

　2）外断熱が最も有効

　　　外断熱として建物全体を断熱するのがベストではあるが、屋上だけでも外断熱の防水をすると効果は大きいと考える。防水も長持ちする。また、屋上断熱を兼ねて、屋根を設けるデザインや太陽光パネルを設置するなども考えられる。

　いずれの方法も、躯体の熱影響を最小限にするため、耐久性も大幅に増す。

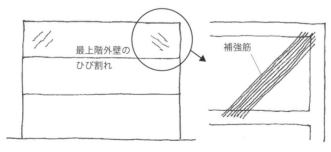

最上階外壁の
ひび割れ

補強筋

図　熱膨張による外壁のひび割れと補強

一般

地盤

木造

S造

RC造

その他構造

耐震・免震

非構造

▶ ラーメン構造の駐車場で、一部の柱が壁付きであった。地震時にその壁付きの柱が崩壊した。

1. ラーメン構造は柱梁が全体で地震力を吸収する

1995年の阪神・淡路大震災においてRCラーメン構造の建物で、壁付き柱や腰壁付き柱、開口部際の柱などが多く崩壊した。地震時に壁付きの柱に地震力が集中したために、壁付きの柱が耐え切れずにひび割れし崩壊に至った。もし腰壁がなかったら他の柱と同程度の地震力を負担していた。腰壁と一体になった柱は短柱になり、大きな剛性によって地震力が集中し耐え切れずに崩壊した。ラーメン構造の部材にとりつく腰壁などの雑壁の扱いは要注意であり、構造設計者に確認する（図1）。

2. ラーメン構造は構造スリットを設けて壁からの影響をなくす

壁と柱、壁と梁の縁を切ってしまえば純粋なラーメン構造となる。その縁を切るのが構造スリットである。柱際の構造スリット（鉛直スリット）で柱と壁の縁を切り、壁と床梁の間に構造スリット（水平スリット）を設け、壁を上の梁から吊り下げることにより柱梁を独立させる。水平スリットには、下の梁から壁を自立させる方法もある。なお、構造スリットに関係する壁は面外方向の地震力も受けることになるため、梁への影響及び取り合い部のひび割れなどの検討も必要である（図2）。

3. 構造スリットは変位に対応できる幅が必要

地震時に躯体が面内の変位をしたとき、構造スリットは柱と壁が衝突しない幅を確保していることが大事である。すなわち構造スリットの幅は躯体の大地震時の変位量と同じだけ必要である。通常大地震時の変位角は1/100なので、階高を4.0mとすると、鉛直スリット幅は4000mm/100 ＝ 40mmとなる。水平スリットは躯体の面内変形と面外変形に対して梁と壁の縁が切れていればよいので、施工できる幅として25mm程度でよい（図3）。

4. 構造スリットの要否は

　構造スリットは雨掛かりの外壁などでは、漏水のリスクもある。出来れば構造スリットは設けたくない。構造スリットを設けるかどうかは、構造設計者と協議する必要がある。

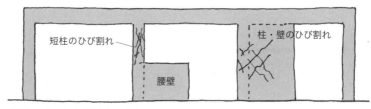

図1　構造スリットを設けないとき

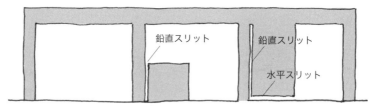

図2　構造スリットを設ける

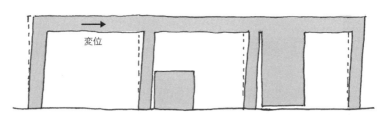

図3　地震による変位

▶雨がかりの外壁に設けた構造スリット部から雨水が浸入した。スリット幅も通常の目地より大きく、地震の度に動いているので、シールが切れたかもしれない。

1. 構造スリット目地の止水はダブルシールで

構造スリット目地の止水は目地シールに頼ることになる。構造スリットは通常の目地幅より大きく、階高 4m とすると鉛直スリットの目地幅（変位角）は 40mm となる。シール厚は、目地幅の半分以上（20mm 以上）必要である。万が一 1 次シールが切れても 2 次シールで止水し、そこまで入った水も排水できるようにしなければならない（図 1）。

2. 水平スリットは水返し段差スリットに

水平スリットは外部のシールが切れた場合に室内へ漏水しないように、水返しの段差を設けた目地にする。面外変位時には水返しの段差が干渉しないようにする必要があり、目地の幅（高さ）は 30mm 以上を確保する（図 1）。

3. 防水立ち上り部の水平スリットは防水立ち上がりの上部に設ける

屋上防水と取り合う外壁の場合、防水が変位によって切れないように立ち上りまでを一体とし、できれば顎の上部に水平スリットを設ける。この場合は、あらかじめ構造設計者との調整が必要である。内部の厨房や浴室の壁に水平スリットを設ける場合も同様に防水立ち上がりの上部に水平スリットを設けたい（図 2）。

4. 構造スリットの耐火はロックウール充填で

外壁が耐火であれば、構造スリット部はロックウールを充填する。耐火でなくても、遮音性能確保とシールのバックアップ材としての機能もあるのでロックウールを充填するとよい。

5. 構造スリットの施工

構造スリットは配筋やコンクリート打設時に移動変形しないように注意する。既製品の打ち込み材を用いると施工が容易である。

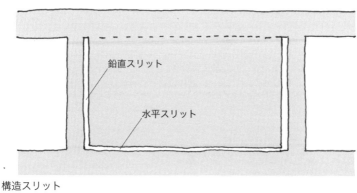

構造スリット

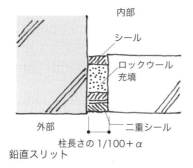

鉛直スリット

一般部の水平スリット

図1　構造スリットの基本納まり

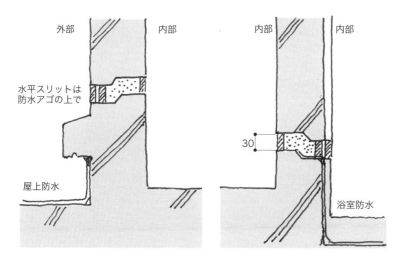

図2　防水床と取り合う水平スリット

▶RC 造の壁に取り付けた窓が地震で壊れた。窓が取り付けられた壁は構造スリット（耐震スリットともいう）になっていて、取り合う目地部分もシールが破断していた。

1.　構造スリットは地震時に大きく変位する

　構造スリットには、地震時の変位がそのまま表れる。面内方向に構造スリット部が狭くなったり、広がったりを繰り返すことになる。面外方向にも同様に変位する。そこで、構造スリット部の開口部に通常のように建具の 4 辺を固定すると、瞬時に建具は破壊してしまう。

2.　構造スリットにつく建具は変位対応型に

　構造スリット部に取り付ける単窓の建具は、上枠と下枠だけを固定し、縦枠は補強して、縦枠部分を躯体に固定しないのが原則である。上枠と下枠部はモルタルを充填し止水性も確保する。縦枠部はロックウールを充填し変位しやすくしておく。シールは四周施工するが縦枠部は切れやすいので二重シールとする。この場合、建具の変形に対して、ガラスが建具のガラス溝の中でどのように変位に追従するかについても確認する必要がある（図 1）。

　建具の高さが 600 程度以下の横連窓の建具では、上枠をスライド可能な支持とし、建具はその下部の壁と同じ動きをするようにする。もちろん縦枠は固定しないでフリーとする。必要に応じて縦枠は補強するだけで良い。面外の変位に対しては枠の変形で対応するという考えである（図 2）。

　出入口のドアは上枠と下枠及び柱側の縦枠は躯体に固定する。壁側の縦枠は補強してフリーにし、変位時に壁と建具が干渉しないように壁との縦スリット幅を確実に確保しなければならない。建具は耐震仕様のドアを用いる（図 3）。

3. 構造スリット部の窓には庇を

　構造スリット部は窓がなくてもシールは切れやすく、雨水の浸入が心配である。そこに窓がある場合はさらに漏水が心配である。出来れば水切りや深めの庇を設けておきたい。

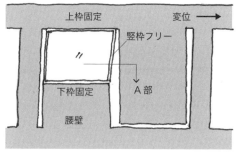

図1　単窓建具の変位追随

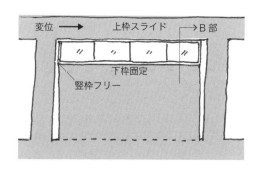

図2　横連窓建具の変位追随

A部竪枠詳細

B部上枠詳細

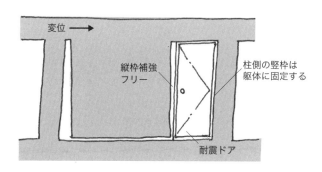

図3　出入口ドアの変位追随

▶商業施設の1階の床を土間コン仕様とした。しばらくしてその土間コンが
ひび割れ、段差も生じた。

1. 土間コンの沈下は地盤により、ひび割れは乾燥収縮による

　地下の無い商業施設では1階の床は土間コンにすることが多い。土間コ
ンは地盤の転圧が不十分だと沈下することになる。打継部では段差も生じる。
充分な転圧をしても乾燥収縮によって床にひび割れを生じることもある。

2. 土間コンの沈下対策は

　土間コン打設前の地盤面の転圧が重要であることは言うまでもない。土間
コンの仕様は構造設計によるが、厚さ150mm以上、強度21N/mm^{2}以上とし、
鉄筋はD10 @ 200以上としたい。重量機械などが載るような場合は、それ
なりの基礎を設け、相応の転圧や地盤改良などが必要である。出来れば載荷
試験で確認するのがよい。

　打継目地部の段差対策としては、打継部用目地補強金物（スリップバー）
を入れる。スリップバーは土間厚150の時、径19 ϕ、ℓ = 350、@ 300とする。

　外周の躯体取り合い部や柱廻りは絶縁目地を設け、土間コンは梁上に乗せ
る。外壁とはポリスチレンボードを挟んで縁を切り、シールする（図1、2）。

3. 土間コンのひび割れ対策は誘発目地で

　上記土間コンの鉄筋はひび割れ分散のためであり、収縮ひび割れについて
は誘発目地を設けなければならない。目地ピッチは縦横4m前後とし、コン
クリート打設後2日程度してからカッター目地（幅3 ～ 6mm、深さは床厚
の1/4以上）を入れると良い。柱廻りや床開口廻りなどは補強鉄筋を入れる
（図2）。

4. 土間コンの床は防湿対策と断熱を

　防湿対策の一番は、土間コン底面を地盤面より上に設定すること。そのう
えで、防湿ビニルシートを敷き込み、更にその上に発泡断熱材を敷き込むと
良い。床仕上げがビニルシートなどの場合はエポキシ接着剤で張り付ける。

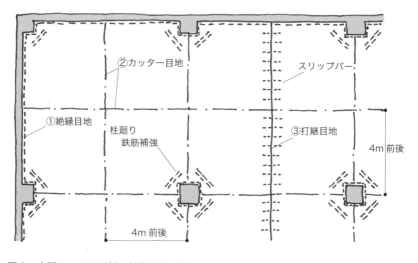

図1　土間コンのひび割れ対策目地の例

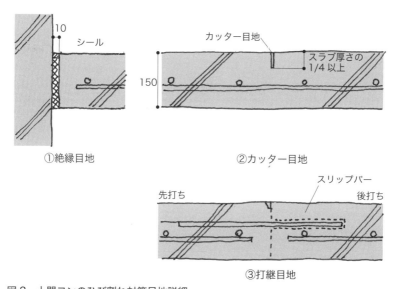

①絶縁目地　　　　　　　　　②カッター目地

③打継目地

図2　土間コンのひび割れ対策目地詳細

▶地震でコンクリートブロック造の塀が倒れた。RC造の塀は大丈夫と思っていたが傾いた。塀にはひび割れが縦にも入っていた。

1. コンクリート塀も転倒する

　コンクリートの塀が傾いた。もし転倒していたら大変な事故を起こしたかもしれない。コンクリート塀は基礎から上部へ跳ね出しであり、地震時に面外の水平力が働き転倒モーメントが働く。よって、①地盤が強固であること、②基礎が転倒に耐える幅があること、③基礎の根入れがしっかりしていること、④塀の足元は曲げに抵抗する鉄筋が十分であることが必要である。地盤が軟弱では転倒しやすく、不同沈下が起これば塀のひび割れの原因にもなる（図1）。

2. コンクリート塀も収縮ひび割れを起こす

　コンクリートの自立塀も建物の壁と同様に収縮によりひび割れが発生する。あらかじめひび割れ誘発目地を3〜4mピッチに設けなければならない。そのひび割れに天端から雨水が入ると鉄筋も腐食するので、笠木を設けるか、または防水したい。

3. コンクリートブロック塀にも基準がある

　ブロック塀が地震で倒れることがあるが、基準が守られていない場合がほとんどである。その基準は次の通り（図2）。

　1）塀の高さ2.2m以下の時。

　　　壁の厚さは高さ2m以下では10cm以上、2mを超えると15cm以上。鉄筋は9mm縦横80cm以下の間隔とし、端部はかぎ掛けする。控え壁は鉄筋9mm入りとし、3.4m以内ごとに設け、塀の高さの1/5以上突出すること。基礎はRC造とし、丈が35cm以上、根入れは30cm以上必要。

　2）塀の高さ1.2m以下の時

　　　壁は無筋で良い。壁厚は頂部までの距離の1/10以上。控え壁は4m

以下ごとに設け、壁面からの突出はその部分の壁厚の 1.5 倍以上。壁厚さが必要寸法の 1.5 倍以上あれば控え壁は不要。基礎は根入れが 20cm 以上あればよい。

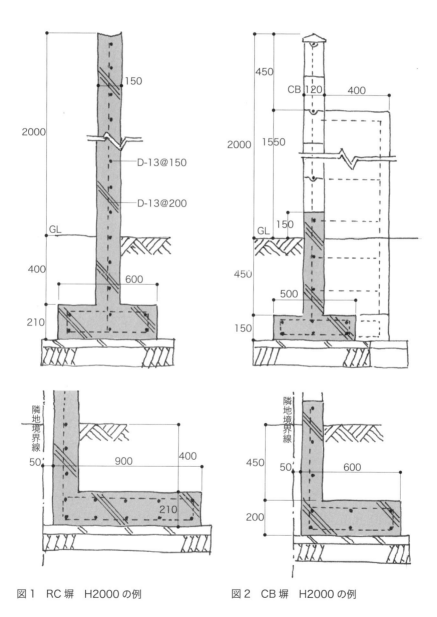

図1　RC塀　H2000 の例　　　　図2　CB塀　H2000 の例

▶耐火被覆が必要でなく、耐震性に優れているとして SRC 造とした。その躯体がひび割れてしまった。何が影響したのだろうか。

1.　SRC造は耐震性が非常に高い

　SRC 造は、RC 造に S 造（鉄骨造）を組み合わせることで、RC 造の剛性と S 造の粘りを併せ持った、耐震性が非常に高い構造である。RC 造に比べ工程が複雑化するため工期が長くなり、建築コストも高くなるというデメリットがある。以前は中高層建物に多く採用されていたが、現在は RC 造の技術が発達したため、高層建築でも RC 造で建てられることが多い。

2.　SRC造ひび割れは鉄骨に対するかぶり厚さの不足が原因

　鉄骨に対するかぶり厚さは、耐火性、耐久性等を確保するために、建築基準法施行令 79 条の 3 で定められた最低 50mm でよいことになっている。しかし 50mm の鉄骨かぶり厚さでは、鉄筋のかぶり不足や、鉄骨と鉄筋のあき不足を生じやすく、コンクリートがひび割れたり、コンクリートの充填が十分でなかったりする。

3.　SRC造の鉄骨のかぶり厚さは鉄筋の納まりで決める

　鉄骨のかぶり厚さは以下の鉄筋の納まりを検討して決めることが大事である（図 1、2）。

　①梁主筋の定着を確実にする。

　②施工誤差を考慮した鉄筋のかぶり厚さ確保

　③コンクリートの充填性を考慮した鉄筋間隔及び鉄骨と鉄筋の間隔の確保

　④鉄骨の干渉を考慮した鉄筋間隔の大きい箇所は補助鉄筋を入れる

　以上を考慮すると鉄骨のかぶり厚さは、一般に 150mm 程度は必要になり、コンクリートのひび割れも防止する。

　SRC 梁の配筋では、柱ウェブに貫通孔が必要なので、2 方向の主筋の上下関係などを含めて、配筋位置を細かく決めておく必要がある。

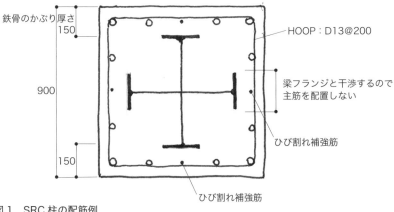

鉄骨のかぶり厚さ
150

900

150

HOOP：D13@200

梁フランジと干渉するので
主筋を配置しない

ひび割れ補強筋

ひび割れ補強筋

図1　SRC 柱の配筋例

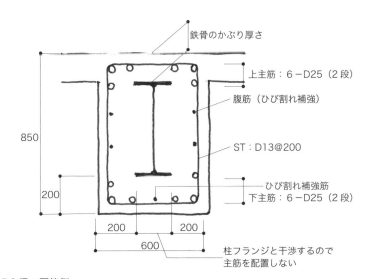

鉄骨のかぶり厚さ

上主筋：6 − D25（2 段）

腹筋（ひび割れ補強）

850

ST：D13@200

200

ひび割れ補強筋
下主筋：6 − D25（2 段）

200　　200

600

柱フランジと干渉するので
主筋を配置しない

図2　SRC 梁の配筋例

▶RC 造と S 造を混用したところ、接合部の変形差でひび割れが生じた。

1. S造と RC造を平面的に併用する場合は EXP. Jを

　S 造と RC 造では地震を受けた時の変形量が異なるので、一体化すると接合部や接合部に至る部分で地震力の移行による大きな力が生じる。剛性の違いによる偏心の問題もあるので、両者は EXP. J を設けて構造的に分離するのがよい（図 1）。

2. S造と RC造を立面的に併用する場合は地震力に注意

　新耐震以後では、建物周期や高さ方向の重量分布を考慮して地震力が計算されるので、立面的に RC 造と S 造を切り替えることは問題がない。この場合は、高さ方向の剛性差が大きいと、剛性率による必要耐力の割増が課せられる（図 2）。

3. 部分的に RC部材と S部材を併用する場合は接合部に注意

　S 部材と RC 部材の接合は、RC 側に鉄骨接合部を埋め込んで固定にしたり、ピンやローラーにしたりするなど特別な納まりが必要となる。固定の場合は端部モーメントの伝達が可能であるが、ピンやローラー接合では一体化できないために、偏心による曲げモーメントの処理にも注意が必要となる（図 3）。

4. S部材と RC部材の変形差にも注意

　RC 柱と S 柱を混在させる場合は、RC 柱には長期的にクリープによる縮みが生じるので、両者の変形差が床や梁に強制されて、予期しないひび割れや傾きを生じることがある（図 4）。

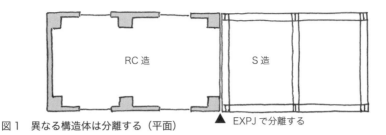

図1　異なる構造体は分離する（平面）

▲ EXPJ で分離する

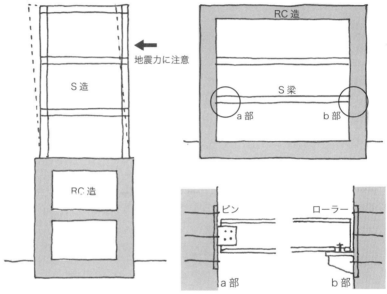

地震力に注意

RC造

S梁

a部　　　b部

ピン　　　　　ローラー

a部　　　　　b部

図2　上部構造がS造の時（断面）　　　図3　RC造にS梁が混合する時（断面）

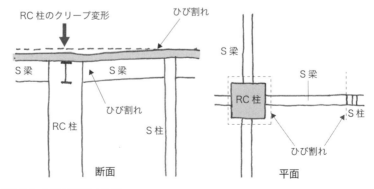

RC柱のクリープ変形　　　ひび割れ

S梁　　　S梁

ひび割れ

RC柱　　　S柱

断面

S梁

S梁

RC柱　　　　　S柱

ひび割れ

平面

図4　RC柱とS梁が混在する時

▶ スポーツ施設の大空間の大屋根を膜構造で作った。その膜面が積雪によって大きく変形した。

1. 膜構造は張力がなくなると大変形する

膜構造の形は膜材に張力を導入することで作られる。この導入張力が外力によってなくなると、当初の形状が保持できなくなって、大変形を生じ破損に至る。

2. ポンディングが生じると膜の張力が消失する

上に凸な屋根が雨や雪荷重で下向きに反転して水たまりが生じるのがポンディングである。ポンディングが生じて張力が消失すると、膜構造の形が保持できなくなって不安定となる。また、膜材の引張力が緩んで風などで膜材がバタついたり波打ったりするのがフラッタリングである。膜面をポンディングやフラッタリングから守るために、初期張力を導入して常に膜面を張りつめた状態に保つ工夫がとられるが、この初期張力が大きすぎると膜面は伸び続け、やがてクリープ破断することもあり得る。また、膜面に極度に大きな張力がかかったり弛緩したりの繰り返しがあると、繰り返し疲労で破断することも考えられる（図1）。

3. ポンディングを生じさせない

ポンディングを生じさせないためには、張力を強くする方法もあるが、ポンディングしにくい構造や形状にすることが大事である。雪が積りにくいように、融雪装置などを設ける方法もある。

4. 膜構造用ETFEフィルムが通常の確認申請で使用できる

国土交通省告示第666号・膜構造（平成14）、同第667号・テント倉庫（平成14）、建設省告示第1446号・建築材料（平成12）が改正され、膜構造用ETFEフィルムが通常の手続きで建築物へ使用可能となった。

膜構造用ETFEフィルムは、膜材料A・B・C種、テント倉庫用膜材料とは材料特性が大きく異なるため、設計での取り扱いが従来の膜材料と異なる

部分が多い。ETFE フィルムのクリープ、高温時・低温時、繰返引張時など
の材料特性も従来の膜材料とは大きく異なる。フィルムの許容応力度および
材料強度は、これらの材料特性が及ばす影響を考慮して十分な安全性が確保
できるように規定している。ただし、許容応力度を超える応力レベルや高温
時、ポンディング発生時にはフィルムの伸びが大きくなることに留意が必要
である。

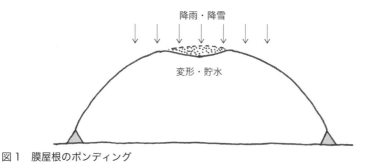

図1　膜屋根のポンディング

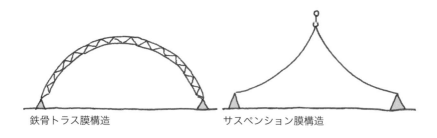

鉄骨トラス膜構造　　　　　　　サスペンション膜構造

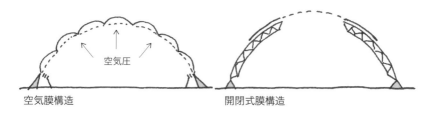

空気膜構造　　　　　　　開閉式膜構造

図2　膜構造のいろいろ

▶2011年の東北地方太平洋沖地震の時、770km離れた大阪舞洲で超高層ビル
が揺れた。その揺れがいつまでも収まらず、気分が悪くなった。これは長周
期地震動であった。

1.　長周期地震動の被害は

　震源から離れているのに、ゆっくり長く揺れる。そのほかに固定していな
い家具や什器が移動したり転倒したりする、エレベーターが止まる、液状化
が発生する、石油タンクが溢れて火災が発生するなどの被害が発生している。

2.　長周期地震動とは

　2000年以降、地震での長周期地震動が顕在化してきた。その長周期地震
動は、深い断層での地震規模（マグニチュード）が大きな地震が、岩盤を波
動伝搬し、1km以上厚い堆積地盤で増幅されるので、地震動の継続時間が長
く、長周期のゆっくりした揺れとなる。長く揺れるため、液状化を起こし、
超高層建物や免震建物、大型タンクなど長周期建造物に大きな影響を与える
（図1、2）。

3.　国交省からの長周期通知

　国交省は長周期地震動の影響を受けやすい堆積地盤である関東、東海、中
部、大阪の地域ごとの設計検討用長周期地震動を示しているので、地震応答
解析が可能である。また、国交省は2016年6月に南海トラフ沿いの巨大地
震への対策を関係団体に通知した（国住指第1111号）。

4.　長周期地震動の対策

　長周期地震動に対する対策としては、

①まずは地震動と共振しないように固有周期を短くすることである。そのた
　めには、耐震要素を増強し、剛性をアップさせたい。

②長時間続く揺れを低減させるためのダンパーを設けることが有効である。

③揺れに対しては、家具什器の転倒・飛び出し防止、設備や仕上げなどの非構
　造部材の安全固定、EXP.Jの可動長さやクリアランスの確保も大事である。

さらに避難安全の確保なども含め、安心設計が求められている。

図1　2000年以降の長周期地震

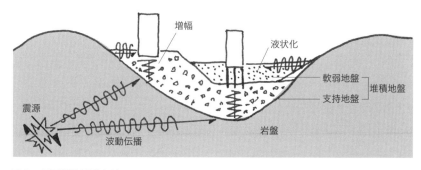

図2　長周期地震動とは

▶耐震補強が必要な旧耐震基準の既存建物がある。耐震補強は柱や梁の補強や耐震壁設置等など大がかりになりそうだが、ほかに耐震補強の方法はないものだろうか。

1. 耐震補強の公式

耐震性を向上させるには、「耐力＞地震力」を満足させる。ここで「耐力＝強度×ねばり（変形性能）」であり、「地震力＝質量×加速度×偏心やピロティなどのペナルティ」で表される。したがって、強度を増す、粘り強くする、質量を減らす、加速度を減らす、偏心やピロティなどのペナルティをなくす、の5項目の方策がある。

2. 強度を増す

壁やブレースを増設して強度を増大する。外付けフレームを外部に貼り付けて併せてデザインを一新することもできる。補強部材だけでなく、地震力の伝達のために補強周辺部材や基礎についても補強が必要となる（図1）。

3. 粘り強くする

同じ耐力でも、変形性能を大きくできれば、吸収するエネルギーを大きくできるので、耐震性能がアップする。部材の変形性能を向上させるために、鋼板や炭素繊維で柱を巻き立てる方法がある。腰壁や垂れ壁で拘束されたRC柱はスリットを設けて柱の変形長さを大きくすると耐震性能もアップする（図2）。

4. 質量を減らす

神戸市役所のように1階分をまるごと減築することや、木造瓦屋根の葺き土をなくすなどの建物質量を減らすのも有効である（図3）。

5. 免震構造や制振構造に改修して加速度を減らす

免震装置により建物の揺れが大幅に低減されるため、耐震補強が必要な旧耐震基準の建物であっても、基本的に免震化されたフロアより上の部分の補強は不要になるか、大幅に低減される。既存の建物の基礎や中間階に免震装

置を設置し、外観や内装、設備などを損うことなく建物を免震建物にすることが可能である。

制振補強ではダンパーを付加する。ダンパーには、速度に比例して働くオイルダンパーと変形に比例する摩擦ダンパーがあり、両者を組み合わせるのも効果がある（図4）。

6. 偏心やピロティなどの弱点をなくす

偏心は多くの場合、耐震要素の再配置によって改善できる。ピロティを採用する場合は、これまでの地震被害経験を活かした設計法が示されているので参考にする（図5）。

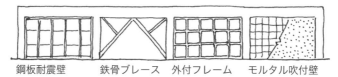

鋼板耐震壁　　鉄骨ブレース　外付フレーム　モルタル吹付壁

図1　強度を増す

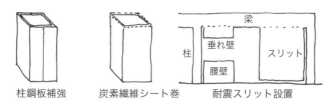

柱鋼板補強　　炭素繊維シート巻　耐震スリット設置

図2　粘り強くする

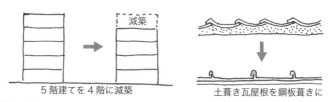

5階建てを4階に減築　　　土葺き瓦屋根を鋼板葺きに

図3　質量を減らす

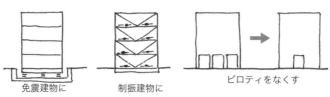

免震建物に　　制振建物に　　　ピロティをなくす

図4　加速度を減らす　　　　図5　弱点をなくす

▶旧耐震基準の既存建物を外観や内装、設備など大きく改修することなく地震に強い建物にできないかと建築主から相談があった。既存建物に免震装置を設置することで耐震化ができないだろうか。

1. 耐震改修として免震建物にする

　免震改修は、免震装置の挿入により建物の揺れが大幅に低減されるため、旧耐震基準の建物の耐震化として有効である。免震装置を挿入する部分が基礎や中間階に施工場所が限定されるので、建物を使用しながらの耐震改修も可能である。

2. 基礎免震に改修するとき

　基礎免震改修では、建物全体を免震化するので、免震層より上部の躯体の補強は最小限で済み、改修後の床面積もほとんど変わらない利点がある。一方既存建物全体の荷重を免震装置と共に支持する新たな基礎底盤を既存基礎の下の地中につくる必要がある。場合によっては既存の基礎補強や杭の増設なども必要になる。また、建物周囲にも免震の変位に対応するピットも必要である。これらの地下工事はかなり大がかりとなる（図1）。

3. 中間階免震に改修するとき

　中間階免震改修の場合は、免震層より上階の揺れが緩和されるため、免震層より上階の補強量は少なくて済む。免震層とその下部（下階）躯体はある程度の補強が必要である。中間階免震改修による地震力に既存の杭や基礎がそのまま耐えることができれば幸いである。上階は基礎免震と違って、建物の変位を拘束するものがないので変位時に敷地からはみ出さなければよい。敷地のゆとりに関しては、免震部分の変位量に基づき、検討をする。ただし、免震層を貫入する縦動線である階段やエレベーターについて、免震層の変位を吸収する工夫が必要である（図2）。NO. 083 参照

4. その他免震改修での注意事項

　免震改修工事における新設免震層の掘削、杭新設や柱切断、既存建物ジャッ

キアップの補強等が発生するので施工者との調整も必要である。また、居住者を退避させないで建物を使いながらの改修では免震装置の設置時に、極めて稀に発生するレベル2地震を考慮することが求められるので、少なくともジャッキに滑り機構を持たせて、滑り量分の空きを確保するなどの対処が必要となる。

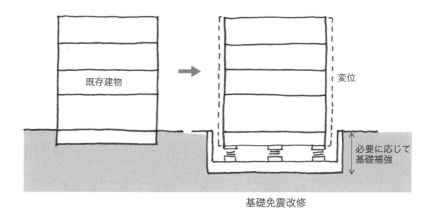

図1　基礎免震改修の例

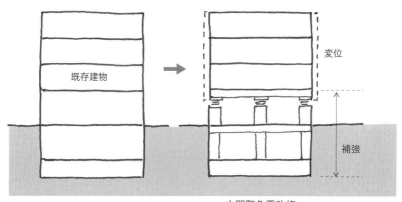

図2　中間階免震改修の例

▶ 大きな地震で免震建物が動いた。地震がおさまって、建物の動いた跡を調査すると、免震エキスパンション・ジョイントの床プレートが元に戻らず段差を生じていた。変位計や解析から残留変位は 1cm 程度と計算された。

1. 免震建物では地震時の最大変形と併せて、地震後の残留変形にも注意する

　免震建物では、地震時の建物可動部と地盤固定部のクリアランスとして、50cm 程度が確保される。建物規模や免震グレードによっては、最近注目されている長周期地震動や直下型断層地震パルス波対策として 1m 近いクリアランスとするものもある。クリアランスや EXP. J は地震時の建物をカバーするように決められるが、地震時の最大変形だけでなく、地震後に残る建物の残留変形にも注意する必要がある（表）。

2. 残留変形は計算できる

　地震応答解析を行う免震建物では特定の地震動ごとに最大変形と併せて残留変形が計算される（図1）。残留変形が生じる理由は、

　地震動そのものがゼロで終わらない：大きな地震動や液状化など地盤変状をきたす場合には地盤側に残留変位が生じる。

　免震装置が元に戻らない：建物側の免震装置で、鉛プラグ入り積層ゴムや高減衰積層ゴムではある限度以上の力を受けると柔くなる、滑り支承では滑りを生じるなど挙動が変化して、力がなくなって元に戻らない（図1）。

3. 仕上げの EXP. Jの納まりでは残留変位を考慮する

　床の EXP. J は免震層の最大層間変位に対応しなければならない。しかも残留変位が生じたときも支障がないようにする必要がある。残留変位は地震の大きさによって変化し、累積するので、全てに対応するのは困難である。跳ね上げ形式では、段差や隙間が発生するリスクがあるので、スライド形式の方がよい。壁や天井の EXP. J は折戸形式などにする（図2、3、4）。

4. 特に残留変位が大きい場合は、ジャッキなどで元に戻すことも考える

　地震だけでなく、風についても残留変形を確認しておく。残留変位5cmを超えると、ジャッキなどで元に戻す工事が必要となる。

表　免震層の変形

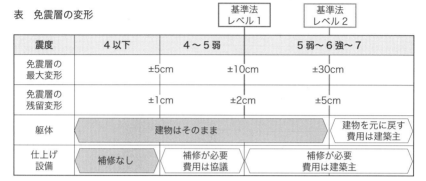

震度	4以下	4〜5弱	5弱〜6強〜7
		基準法レベル1	基準法レベル2
免震層の最大変形	±5cm	±10cm	±30cm
免震層の残留変形	±1cm	±2cm	±5cm
躯体	建物はそのまま		建物を元に戻す費用は建築主
仕上げ設備	補修なし	補修が必要費用は協議	補修が必要費用は建築主

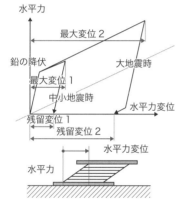

図1　最大変位と残留変位

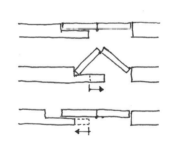

図2　折戸形式の壁天井 EXP. J

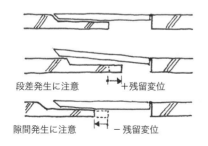

図3　跳ね上げ形式の床 EXP. J

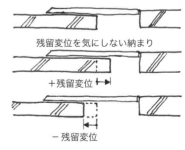

図4　スライド式の床 EXP. J

▶基礎免震の建物が大きな地震で変位した。地上部に免震ピットをカバーする犬走りを設置していたが、地震の変位により犬走りが越境し、隣地の塀を壊してしまった（図1）。

1. 免震建物の大地震時の変位は大きい

免震建物は大地震時には 400 〜 500mm 程度変位する。大きく変位したときに、隣の建物に衝突したり、人の通行を妨げたりしないように、安全上の措置が義務付けられている。

2. 免震建物の安全確保のためのクリアランス確保

基礎免震建物では、基礎部分が変位するため、建物周囲には応答変位に見合った免震ピットが必要になる。免震ピット部は落下防止や挟まれ防止のために犬走りを設けて安全にしなければならない。また、隣接する建物や樹木などにも挟まれないように安全なクリアランスが必要である。告示 2009 第6 の第 3 項第五に、地震の応答変位に加算すべきクリアランスの基準が示されている（図2）。

(1) 通行に供する場合は 800、避難に供する場合は 1500 以上

(2) (1) 以外で人の通行のある場合は 200

(3) (1)(2) 以外の場合 100（図 2 参照）

なお、4 号建物に適用される仕様規定では、周囲との距離を（1）人の通行がある場合 50cm、（2）（1）以外は 40cm となっている。

3. 中間免震建物の安全確保のためのクリアランス確保

中間免震建物では免震層の下部は地面と一緒に動くので変位しないが、免震層より上部では隣地とのクリアランスの確保が必要である。構造設計者と協議し、大地震時の変位に 10cm 程度の余裕を加えたクリアランスを確保するのがよい。中間階免震では免震層の変形を最終的に拘束する擁壁などがないので、免震層の過大な変形による支承の破断や脱落に対してダンパーを設置するなど、フェールセーフを考えておく。

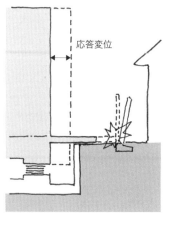

図1　犬走が塀を壊した

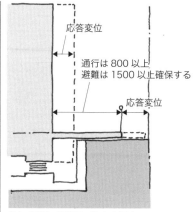

（1）通行・避難に供する場合

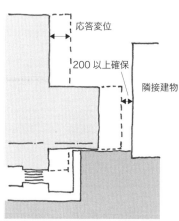

（2）（1）以外で人の通行がある場合

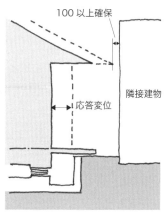

（3）人の通行がない場合

図2　安全確保のためのクリアランス

▶市街地の高層マンションは基礎免震の建物であった。異常気象による集中豪雨で、その基礎免震が冠水した。免震装置は冠水しても機能するのだろうか？

1.　基礎免震装置が冠水する

　集中豪雨により道路が冠水する事案が増えており、いつ起きてもおかしくない。上記事象も冠水した道路から建物への越流で免震装置が冠水した。万が一免震装置が冠水しても、その後迅速に排水して再整備を行うことにより復旧は可能である。ただ、主電気設備が地下にあったり、エレベーターが地下に降りていたりして、それらによる被害の方が大きい場合もある。

2.　基礎免震装置を集中豪雨では冠水させない

　敷地周辺が過去に浸水したことがあるかどうか、設計の初期の段階で調査確認する。地方自治体のハザードマップなどでも集中豪雨による浸水や、津波や高潮時の浸水の可能性を示しているので確認したい。浸水深さが1m以下と予想されている場合は、敷地や建物が浸水しないように防潮堤などを設けるなど確実な対策を講じたい。浸水の可能性がない敷地でも、周囲の道路レベルより＋20cm程度高くし、免震 EXP. J 部分からの雨水が越流しないようにする（図1）。

3.　重要設備も浸水から守る

　建物への浸水対策をした上で、建物機能や防災に関わる重要設備、例えば主電源設備などは2階以上の階で計画し、万が一の事態に備えたい。EV は地上階用と地下階用にバンク分けをするのも一案である。

　免震装置についても、冠水などの非常時にどのように対応するかなどを免震装置製作のメーカーと協議し、点検内容と整備項目を、日常点検項目とは別に整理して書面にて保管をしておくと良い。浸入水の排水方法についても、非常用電源による排水ポンプを設置し、雨水貯留槽を介して建物外へ排水できるように配慮する。

　免震ピット部には漏水検知センサーを設け、中央監視盤室等へ通報できる

ようにする。

4. 津波による基礎免震装置の冠水対策は

　国は東南海地震が発生した時、津波による浸水想定区域として、ハザードマップで公開している。ハザードマップでは、水没深さが1mを超えて数mに達するエリアもある。免震装置を計画地の冠水高さより高い位置に設ける中間階免震にすることも検討したい（図2）。

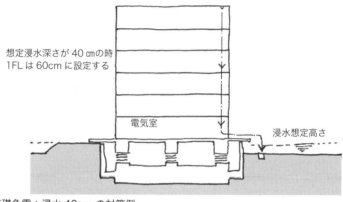

想定浸水深さが40cmの時
1FLは60cmに設定する

電気室

浸水想定高さ

図1　基礎免震：浸水40cmの対策例

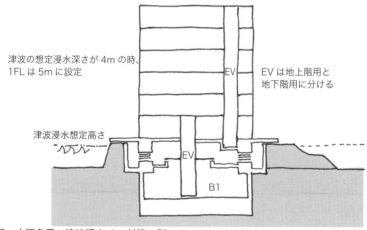

津波の想定浸水深さが4mの時、
1FLは5mに設定

EV

EVは地上階用と
地下階用に分ける

津波浸水想定高さ

EV

B1

図2　中間免震：津波浸水4m対策の例

▶中間階免震の外壁免震スリット部から雨水が浸入して、免震層内の床を濡らした。

1. 免震スリットは大きく動き残留ひずみが残る

　免震建物は大地震の時、免震層で約 400 〜 500cm 程度変位する。台風でも変位する。そんな変位を受けても損傷のない免震スリットにしなければならない。地震が収まると建物は元の位置に戻るように免震装置は設計されているが、いくらかの残留変位が生じる。この残留変位によって免震スリット部にズレが生じ、そこから雨水が浸入することがある。免震スリット部をシール納まりにすると、シールによって免震層の変形が阻害されるので、シール納まりは不可である（図1）。

2. 免震スリット部の雨水浸入対策

　外壁の免震スリットの目地は地震による変位によって、面内方向に変位するだけでなく、面外方向にも変位する。中程度の地震では残留変位は 1 〜 3cm 程度なので、その程度の変位に対しては雨水が浸入しないように、メンテナンスフリーの納まりにしなければならない。残留変位が残っても支障がないように外壁面を同面とせず、上部外壁を少し外へふかすのも一つの方法である。さらに、万が一の雨水浸入に対しても支障がないような対策も必要である。例えば外壁に沿って免震スリットの下部躯体側に雨水受けの樋や側溝を設け排水するなどである。漏水検知センサーを設置するのもよい。なお、浸入水対策は残留変位 3 〜 5cm 程度まででよく、それ以上の残留変位が残った場合はジャッキなどで免震層上部建物を動かして残留変位を是正する必要がある。残留変位がどの程度かを確認する方法として、ケガキ針式変位記録計などを設置して建物変位の軌跡を記録しておけば、免震装置や免震スリット部及び設備インフラへの影響調査の参考になる（図2）。

3. 免震スリットのレベルは揃える

　地震時の水平力によって、建物は水平に変位する。しかもどの方向に変位

するかわからない。どの方向に変位してもよいように免震スリットのレベル
は水平にそろえておくことが大事である。スロープ部分や段差がある部分に
免震スリットを設ける場合は、変位に追従させるために縦スリット部分や斜
めスリット部分では、変位に対応できるクリアランスを十分に確保する必要
がある。それが外壁である場合は同時に水密性や防耐火の確保も考慮する必
要がある（図3）。

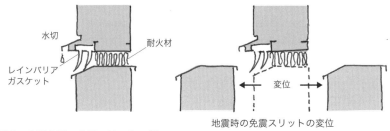

図1　中間免震の免震スリットの例

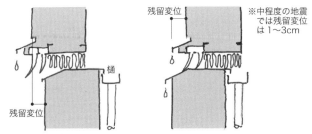

図2　免震スリットの残留変位

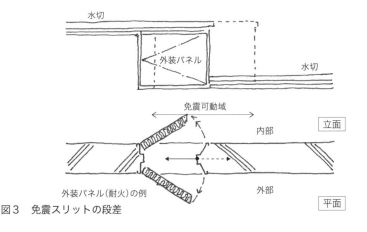

図3　免震スリットの段差

▶2階の駐車場部分を免震層にして柱頭免震とした。外壁側の免震装置に雨がかかり、耐火被覆部分が劣化した。雨水や雨水による錆で駐車している車を汚してしまった。また点検スペースが十分に確保されていなかったため、免震装置の点検に時間がかかった。

1. 免震装置は雨掛りにしない

開放的な建物の外周部の柱は直接雨がかりでなくても、強風で霧状の雨がかかることがあり、免震装置やそれを囲う耐火被覆などの劣化につながるので注意したい。駐車場では排煙のために上部に開口が必要になるが、出来ればガラリなどを設けてできるだけ雨の吹込みを防ぎたい。外壁側の免震装置の点検も容易にできる空間の確保が大事である。点検スペースを確保することで、雨掛かりにもなりにくくなる（図1）。

2. 中間階免震装置はその階の柱と同じ耐火性能が必要

基礎免震では積層ゴムなどの免震支承は基礎扱いなので耐火被覆は必要ないが、中間階免震は、主要構造部である柱に該当し、免震装置が取りついている柱と同等の耐火性能が求められる。免震装置には、耐火認定を取得しているものはほとんどないので、国土交通大臣が認定した耐火帯等で免震装置の周囲を覆い、耐火時間に応じて国の指定する指定性能評価機関の審査・評価を受ける必要がある。耐火帯は地震時の大きな変位に対応し、多少の残留変位にも耐火性能を維持できることが求められている（図2）。

3. 耐火被覆で覆われた免震装置の点検

耐火被覆で覆われた免震装置の点検は、耐火被覆を外して免震支承を点検し、復旧する必要がある。そのため、点検時に耐火被覆の取り外しと復旧が容易にできるようにする。日常的な点検では耐火被覆の外観の目視チェックに代えるなど、現実的な対応とすることを点検マニュアル等で決めておくとよい。

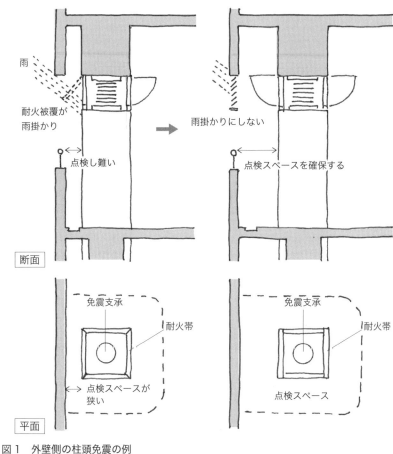

雨

耐火被覆が
雨掛かり

点検し難い

雨掛かりにしない

点検スペースを確保する

断面

免震支承

耐火帯

点検スペースが
狭い

平面

免震支承

耐火帯

点検スペース

図1　外壁側の柱頭免震の例

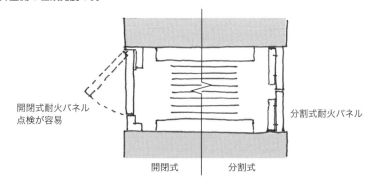

開閉式耐火パネル
点検が容易

分割式耐火パネル

開閉式　　　　分割式

図2　中間階免震装置の耐火被覆の例

▶ エレベーターシャフト（EV 昇降路）が中間階免震層を貫通して設けられた。地震の揺れを受けて、EV 乗降ロビーの三方枠並びに床取合い部分が損傷した。免震層を貫通する鉄骨階段についても同様に、階段室の壁仕上げが損傷した。

1. 免震層を貫通する EV 昇降路は地震の揺れに追従させる

　中間階免震の建物は、免震層から下部の EV 昇降路を免震層の上階から吊り下げて設け、同時に免震クリアランスを確保する保護シャフトを設けて二重シャフトとした。吊り下げた昇降路の乗降扉と EV ロビーの間の EXP. J が地震の変位に追従できずに損傷した。乗降扉廻りの EXP. J は水平方向のあらゆる変位に対応できるようにしなければならない。

2. 免震層を貫通する EV の変位対応

　免震層を貫通する EV の変位対応には、昇降路吊り下げ方式、昇降路分割方式、変形追従方式等がある。

【昇降路吊り下げ方式】

　エレベーター本体は通常の建物と同じである。免震層から上部は、建物本体と一体であり、免震層から下部は上部躯体から吊り下げる。そのため吊り下げた昇降路は地震によって上部躯体と同じ変位をするため、シャフトの周囲は免震クリアランスを確保しなければならない。問題は吊り下げた部分の乗降扉廻りの免震クリアランスが EXP. J となり、地震の大きな変位に追随する必要がある（図 1）。

【昇降路分割方式】

　免震スリット部で上部側と下部側に昇降路を二分割して、地震に対応する方式である。昇降路は免震スリット部の上下の 2 〜 3 階部分を拡張させ、エレベーターが昇降路壁面に衝突しないようにする。ガイドレールは撓みながら地震の変位に追随する。乗降扉廻りは変位がないので通常のエレベーターと同じである。なお、機械式レスの EV は、昇降路内でレールにて機器

を支持しているため昇降路分割方式は適用できない（図2）。

【変形追従方式】

　EVメーカー数社が特許を取得している工法で、免震変位600mm程度を2ないし3階部分のレールを変形させて追従する。

3.　免震層を貫通する鉄骨階段の変位対応

　鉄骨階段は上部躯体から吊り下げる方式と、免震スリット部で分割する方式がある。吊り下げの場合は階段脚部を浮かせて、免震クリアランスを設ける。分割の場合は免震クリアランス部分の階段室を変位に追随できるよう広くするとよい。

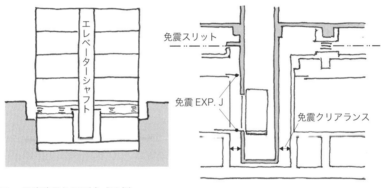

図1　昇降路吊り下げ方式の例

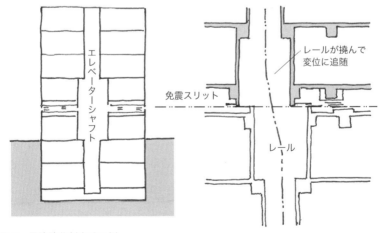

図2　昇降路分割方式の例

▶免震装置の定期点検のための専任技術者の寄付きルートは確保されていたが、免震装置の点検スペースが狭くて十分な点検ができなかった。また、免震装置の交換に必要な重機の寄付きや搬入口も確保されていなかった。

1.　免震装置は定期点検、取替えが必要

　免震装置は上部構造の荷重を受けながら、大きな地震に限らず小さな地震でも常に変位を生じる。経年変化による劣化も進み、いずれ取換えが必要になる。その免震装置を維持するために、耐久性関係規定（法 8 条、12 条、告示 2009 号第 5）により次のことが義務付けられている。①定期点検、検査が容易であること。②周囲の空隙を確保すること。③免震建物であることを表示すること。④免震材料の交換が可能であること。⑤冠水を防止すること、などである。

2.　点検の頻度とその内容

　設計者は定期点検の内容や頻度、将来の取替え計画等、免震装置を設計する段階で決め、引渡し報告書として建築主に提出する。竣工引き渡し後の定期点検として、毎年一回の目視検査行うのが一般的である。建物の所有者は、免震装置を常時適法な状態に維持し、日本免震構造協会が定める資格を有する者に調査させ、その結果を特定行政庁に報告しなければならない。2 年目、5 年目、10 年目などの節目には、免震装置の計測検査などを行う。大きな地震や台風で建物が変位を受けた場合は、その直後に速やかに建物や免震装置への影響の有無を詳細に確認する必要がある。

3.　免震装置取替えのための搬入経路と作業スペースを確保する

　免震装置は免震設計に基づき仕様が決められ、メーカーで製作される。免震装置には、多くの種類があり、またその大きさや重量も様々である。例えばゴム厚さ 250mm、ゴム径 1600mm の免震装置（積層ゴム）は、外フランジ径 2000mm、製品高さ 600mm 程度であり、重量は約 7ton となる。このアンカーボルトで取り付けられた元の免震装置を撤去し、新しい免震装置

を搬入し据え付けるには、免震装置の搬入や据え付けを考慮したスペースの確保が大事であり、免震建物の設計時点から考慮する必要がある。免震層の搬出搬入開口や楊重治具の反力、狭い免震ピット内で重量物の運搬が可能か、梁下を通せるかなどを確かめておく（図1、2）。

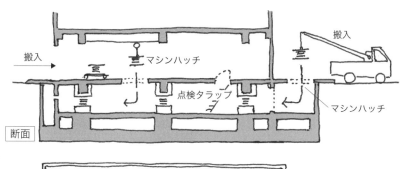

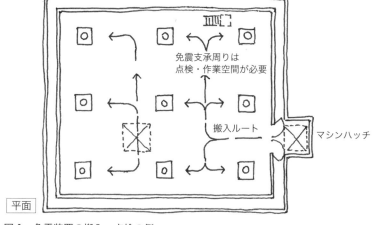

図1　免震装置の搬入・点検の例

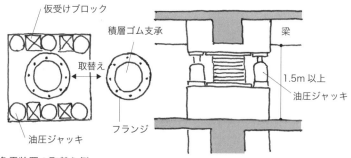

図2　免震装置の取替え例

085

地下躯体の EXP. Jから漏水した　　　　　　　　　　非構造

▶建物規模が大きいときや、建物を地下で接続するときに EXP. J を設ける。
地下の EXP. J からは必ずと言ってよいほど地下水が浸入する。

1. 地下の EXP. Jはなぜ必要か

　建物の規模が大きい（建物が 60m 以上長いなど）とき、建物重量や基礎
及び構造形式が異なる建物の地下部を接続するとき、建物形状が複雑な時、
増築した建物を地下で接続するときなど EXP. J を設ける。地中にある建物
は地震時の変位は地上に比べて小さく、不同沈下しないように対策しても、
それぞれのブロックの動きは若干異なるため、EXP. J は必要である。

2. 地下での EXP. Jは地下水に浸かっている

　地下の EXP. J は基本的に地下水に浸かっている。水位が躯体より低くて
も、梅雨時や長雨の時は水位も上がってきて、水に浸かっている状態にな
る。EXP. J は躯体の縁を切ることであり、その隙間から地下水が侵入する。
水圧によっては針の穴のように小さい孔からでも地下水が噴き出すこともあ
る。

3. 地下水は止水しても必ず漏れてくる

　EXP. J での止水方法はいくつかあるが、完全な止水はできない。そこで、
浸入してくる地下水の量を最小限にし、その入った水を確実に排水する必要
がある。EXP. J から入った地下水をピットに集めて、その他の湧水と一緒
にポンプで排水する方法が一般的である。

4. 丈夫な躯体とメンテナンスが大事

　EXP. J の止水板を躯体に打ち込む部分などは、将来補修がほとんど不可
能なので、メンテナンスフリーの納まりにする。また、内部側では点検や補
修が確実に行えるようにしておきたい（図）。

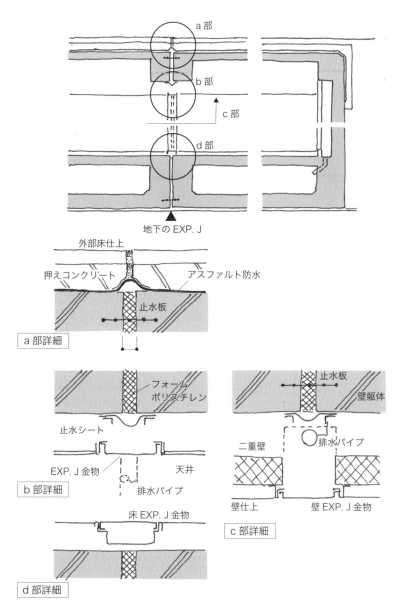

図　地下の EXP. J の例

086

地震で EXP・J が損傷した

▶L型の建物で地震時に複雑な変位を生じ、局部に応力が集中する恐れがあるため、2つのブロックに分割し、エキスパンション・ジョイント（EXP. J）を設けた。その EXP. J が地震で損傷した。

1. EXP. Jはなぜ必要か

　①建物形状がL型のように整形でない場合は、複雑な変位をするので形状を単純化する。②建物長さが長大な場合は地震波の入力のずれなどにより複雑な変位になる。③大規模な建物では熱膨張の影響を受ける。④基礎形状が異なるときは不同沈下を起こす、等々により EXP. J を設ける必要がある。EXP. J は躯体の変位に対応させるとともに、耐火性や止水性の確保、脱落防止、遮音性、耐風性の確保なども必要である。③の熱影響によるコンクリートの乾燥収縮によるひび割れを防止するには基礎部の剛性を高めて一体にする。④の基礎形状が異なり不同沈下の防止をする場合は、後打ちコンクリートによる干渉帯を設けるなどの方法により EXP. J を無くすことも可能である（図①〜④）。

2. EXP. Jは建物相互の変位を理解する

　地震による建物の変位量を小さく見ると、EXP. J が追従できずに損傷する。建物の構造方式や高さ、剛性などによって、地震時の変位量はそれぞれ大小ある。X 方向、Y 方向の変位量も違う。構造設計者にその建物固有の最大変位量を示してもらい、その変位に確実に追従する EXP. J の納まりにしなければならない（図⑤）。

3. EXP. J設計の留意点

　EXP. J は 2 棟の建物が最大変位して狭まっても、大きく離れても、衝突や脱落しないこと、人や物が隙間に挟まれないこと、そして地震が収まれば元に戻るように設計する必要がある。建物の変位は X 方向だけでなく、同時に Y 方向にも変位するので複雑である。EXP. J は複雑な変位に対して、スムーズにかつ確実に追従させるためには、スライド方式だけでなく、ピン

やガイド付きローラーや丁番のようなヒンジを用いて対応する方法もある。地震時の上下方向の変位については、同じ地盤に支持されている建物でも負担する重量や剛性によって変位差を生じるので注意する。

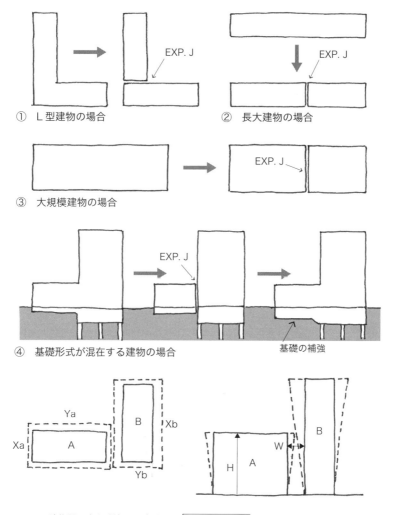

① L型建物の場合

② 長大建物の場合

③ 大規模建物の場合

④ 基礎形式が混在する建物の場合

基礎の補強

建物間の空き寸法 W ≧ 高さ H×$\sqrt{(Xa)^2+(Xb)^2}$

H：建物高さ　　Xa：大地震時の建物 A の層間変形角
　　　　　　　　Xb：大地震時の建物 B の層間変形角

⑤ 隣接建物との空き寸法

図　EXP. J の例

087 パラペットの丸環が脱落した

▶パラペットのアゴに取り付けられた丸環（吊環ともいう）を改修工事の仮設
で使用した。1ヶ所に力が集中したのか、丸環部分のパラペットがひび割れ、
丸環が抜け落ちた。丸環は命綱を掛けるために使うもの。安全な強度を維持
する必要がある。

1. 丸環は取り付けるアゴの強度が大事

　丸環は外壁や窓の清掃、補修などを行う際に、命綱の固定や、仮設の足場
の支持などに使用される。脱落した丸環はパラペットのアゴ部分がシングル
配筋で、そこにスチールボルトを埋め込み、アイナットを取り付けたもので
あった。パラペットのアゴ部分の強度不足と埋込ボルトの定着長さ不足によ
り丸環が抜け落ちた。

2. 丸環は耐久性と強度、取付けは躯体鉄筋と一体に

　一般的に丸環の計容荷重は5kNとしている。材質は19φスチール製溶
融亜鉛めっき又はステンレス製とし、外壁とパラペットのダブル配筋が交わ
る部分の鉄筋と一体になるよう組み込まれなければならない。取付け間隔
は@5〜6mとし、パラペットのひび割れ誘発目地とは45cm以上離したい
（図）。

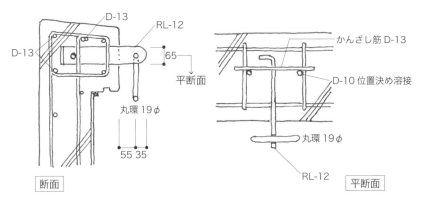

図　パラペットの丸環は丈夫に

088 屋上の目隠し ALCパネルが強風で飛散した　非構造

▶ 屋上に設置した空調屋外機などの設備機器が見えないように、美観上の配慮から ALC パネルの目隠し壁を設置した。この目隠し壁が台風で破損し、一部は地上に落下した。

1. 目隠しパネル壁の耐風圧は正圧と負圧を考慮する

建物屋上では、建物が高いほど強い風が吹き、その風は建物の隅角部では、通常の 1.5 倍の強さで目隠し壁に吹き付ける。ALC パネルや ECP などのパネル壁には風上側からの正圧がかかると同時に、風下側には負圧が発生しているため、正圧と負圧を合算した風圧がパネルにかかることになる。その風圧にパネルの取付け金物部の ALC パネルが耐え切れずに破壊されたのである。ALC パネルを支持する鉄骨支柱や梁材にも同様の荷重がかかるので、鉄骨材に揺れや振動が発生すれば、ALC パネル取付け部はさらに影響を受けることになる（図）。

2. 対策は取り付け部の強度確保と正負圧の分離

ALC パネルの取付け部は正負圧に耐えることができる強度確保が必要である。また、ALC パネルは正圧又は負圧の一方だけになるように屋上側に塞ぎ壁を設けるとよい。耐風強度に加えて雨仕舞の納まりもよくなる。支持する鉄骨柱に関しても、同様の正圧＋負圧がかかるものとして十分な強度を確保する。

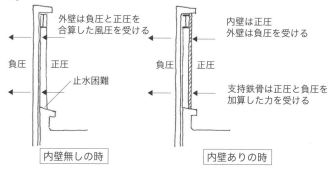

図　目隠し壁にかかる風圧

地震で外壁 ALCパネルが脱落した 非構造

▶ ALC パネルの外壁コーナー部が地震でひび割れ、一部は脱落した。この建物は S 造で外壁の ALC パネルは縦積み上部スライド工法の建物であった。

1. ALC板は S造の層間変形角を考慮

S 造建物の地震時の最大層間変形角は 1/100 程度である。階高 3m なら最大 30mm 動く。この変位（動き）を認識して、外壁 ALC パネルが脱落しないように設計しなければならない。とくに外壁コーナー部では X 方向と Y 方向の変位が面内・面外方向に生じるので、それぞれの変位に追従するようにしなければならない。

2. ALCパネルの工法によって伸縮目地は変わる

S 造建物の ALC パネルの工法によって伸縮目地寸法は変わってくる。

1）縦積み上部スライド工法

ALC パネルを縦長に用いて下部 2 点で固定して鉛直荷重を受け上部はスライドさせて変位に対応させる。縦目地は動かないのでシールは長持ちするが、階部分の横目地のシールは切れやすい。建物コーナー部の変位対応目地は層間変位量＋ 10mm の幅が必要で、層間変位 30mm なら 40mm 程度のシール幅となる。上記トラブルの原因は 40mm 必要な変位対応目地を 20mm 程度としたためであり、コーナー部で ALC パネルが衝突し、金物部が破壊されて脱落したのである（図①）。近年縦積みスライド工法は採用されていない。

2）縦積みロッキング工法

ALC パネルを縦長に用いて下部 1 点で鉛直荷重を受け、上部 2 点で支持する。それぞれの板が左右にロッキングして面内変位に対応する。縦目地のシールは切れやすい。建物コーナー部は面外変位と面内変位の交点となり、変位吸収目地は層間変位量に関係なく、シール切れしにくい。20mm 程度のシール幅で良い（図②）。

3) 横積み工法

　ALC パネルを横長に用いて、階高に 6 枚横積などとし、間柱などに固定する。それぞれの ALC パネルが変位に合わせて横ずれし、変位に追従する。横目地も縦目地もシールは切れやすい。建物コーナー部の目地は 20mm のシール幅で良い（図－③）。

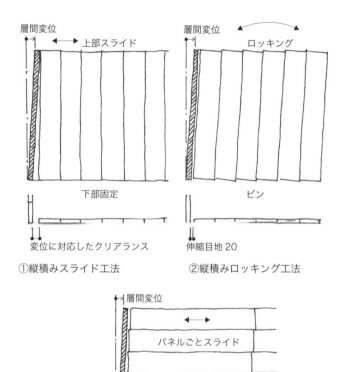

①縦積みスライド工法　　　　②縦積みロッキング工法

③横積み工法

図　ALC パネルの工法

一般

地盤

木造

S造

RC造

その他構造

耐震・免震

非構造

▶地震で倉庫のALCパネルの間仕切壁が崩落した。崩落は上層階ほど激しかった。その ALC 間仕切壁は、スパンが 12m で、階高が 7m と高く、中間梁を設けて厚さ 100 の ALC パネルを縦張りロッキング工法で 2 段積にした部分であった。

1. 中間梁の変位が主要因

　2 段積の ALC パネルの鉛直荷重を受ける中間梁は H 形鋼が縦使いされていた。揺れの大きな地震を受けて、その中間梁が面外方向に繰り返し大きく変位し、ALC パネルの取付け金物部が破壊されて ALC パネルが崩落した。すなわち地震時の面外慣性力に対して、中間梁の面外曲げ剛性が低かったのが主要因と考えられる。その面外慣性力は建物の上層階ほど大きいため、被害も上層階ほど激しかった。また、中間梁はスパンが大きいため、たわみもあり、地震時にはねじれも同時に発生していたと推定できる（図1）。

2. 中間梁を強固にするのが一番

　2 段積 ALC パネルを支持する中間梁が地震で大きく変形しないように、強固なものにすることが大事である。具体的には、次の対策を確実にしたい。

　①中間梁の H 型鋼を壁の面外支持に関しては強軸方向（横使い）とし、地震時の水平慣性力に抗するように水平剛性を高くする。中間梁の横使いは ALC 重量支持に対しては不利となる。特に端部ガセットプレートは平板の面外曲げとなるのでリブ補強の要否を検討する。

　②間柱を設けて中間梁のスパンを短くする。12m スパンを 6m スパンにすることで、中間梁の変形は小さくなる。また吊り材を設けると中間梁の鉛直変形を少なくできる。

　③中間梁の両端部の柱・間柱の接合部をピン接合でなく剛接合とし、中間梁の面外変形を小さくする。この場合、横曲げを端部曲げで処理するには柱のねじり抵抗を期待しなくてはならないので、ボックス柱でないとこの方法は難しい。

なお、ALC板の取付構法は一般的な外壁用工法の縦張りロッキング工法とすることが前提である（図2、3）。

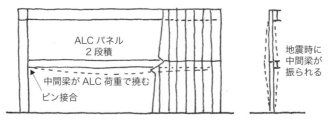

図1　中間梁の変位が大きいとALCパネル2段積が崩落する

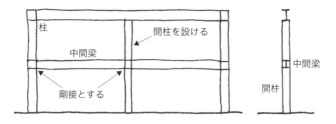

図2　間柱の設置

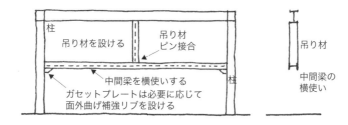

図3　吊り材と中間梁の横使い

▶ガラスは主に板ガラスとして窓や出入口、外装カーテンウォールなどの材料として使われてきた。その割れやすいガラスを構造材料として使うことは可能だろうか。

1.　ガラスの強度と特性は

　材料としてのガラスの強度は意外と強い。引張強度は鉄が $4100kg/cm^2$、コンクリート $30kg/cm^2$、檜 $700kg/m^2$ に対して、板ガラスは $500kg/m^2$、強化ガラスは $1450kg/m^2$ である。檜の２倍の引張強度がある。圧縮強度は $1.5t/cm^2$ で安全率を５とみても $300kg/cm^2$ の長期耐力はある。これはコンクリートの３倍、檜の４倍である。例えば $10t$ の荷重を支える柱は、ガラスだと巾 $200mm$、厚さ $12mm$ を２枚合せた強化ガラスを十字に組んだ柱となり、RC 柱の場合の 250ϕ より細くできる。

　最大の利点は、ガラスが透明・透光性があるということ。最大の欠点は割れるということである。破壊による影響は大きいので、安全率を大きく設定することが重要である。また、強化ガラスは現場での加工は出来ないうえ、自然爆裂の可能性もある。

2.　ガラスは意外に使われている

　近代建築の初期からガラスは多く使われてきた。一般的には窓ガラスや外装のガラスカーテンウォールなどである。強化ガラスができると、ガラスの庇や、ガラス屋根、ガラス手摺、ドットポイントのカーテンウォールと広がり、近年はガラスの柱、梁、床、屋根とガラス構造と呼ぶにふさわしい建築も現れてきた。

3.　ガラス使用上の注意点

　ガラスを構造的に使うに当たっては割れ対策が重要である。もしガラスが割れても、大きな危害が無いようにフェイルセーフを確実にしなければならない。飛散防止フィルムを挟んだ２枚の強化ガラスは１枚が割れてもフィルムが割れたガラスの落下を防ぎ、全体が崩壊しないので安全率は２倍と

なる。

　接手や接合部は部材から部材へ力を伝達するとき、応力集中が起こりやすいので注意が必要である。基本的にはボルトによる摩擦接合が穴位置誤差も解消しやすく、多く用いられている。

　地震による揺れや変形にどう対応させるかも重要なポイントである。構造的には地震時の変形を最小限にし、ガラス部材には単純な圧縮力や引張力が働くようにしてねじれや曲げを生じにくくすることが重要である。

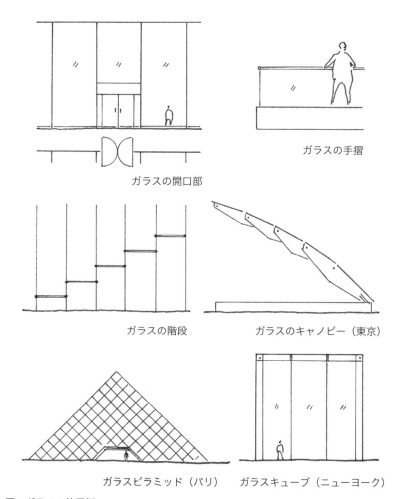

ガラスの開口部

ガラスの手摺

ガラスの階段

ガラスのキャノピー（東京）

ガラスピラミッド（パリ）

ガラスキューブ（ニューヨーク）

図　ガラスの使用例

▶ 2011年の東日本大震災でホールなどの天井の脱落被害が多発した。それまでも中規模の地震のたびにプールの天井が脱落するなどの被害があった。

1. 吊り天井の被害とその原因

　地震による被害があった天井はほとんどが吊り天井と呼ばれる軽鉄下地の在来工法の天井であった。面積が大きい天井や重量のある天井、天井高さが高い天井ほど大きな地震力が働くため大きく揺れる。天井に振れ止めの斜め材がないと天井は大きく繰返し揺れ、周囲の壁に衝突し、天井が大きく破壊され脱落した。

2. 重大な危害を生ずる恐れがある特定天井の仕様

　国土交通省告示第771号（平成25）で特定天井とその構造方法（仕様ルート）が示された。この仕様ルートに適合しない場合は、計算ルート又は大臣認定ルートで安全な構造方法であることを確認しなければならない（表1、2）。

3. 特定天井以外の天井での被害

　特定天井だけでなく、一般天井でも、繰返し振動（揺れ）により、天井下地材や天井と壁の取合い部、天井内の設置された設備機器が干渉し損傷する。天井には必ず斜め材を設けて揺れをなくすと同時に、壁際などの隙間を設ける必要がある。段差のある天井や異なる高さが混在する天井では、段差部の変形差や応力集中により破損する。また、天井懐が3m以上ある天井では、大きく振られて破損する。それぞれの挙動を考慮した納まりが必要である。天井内に丈夫な鉄骨下地を設け、それから天井を吊るすようにするとよい。天井懐内での段差のために吊り長さが異なると、天井の挙動も変わるので、注意が必要である。

4. 天井は構造安全性が大事

　天井は設備機能を満足させて、意匠的にもすっきりとまとめる必要がある。同時に地震時の安全性も確保しなければならない。建築、設備、構造の設計者の連携が欠かせない。

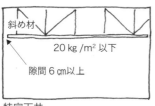

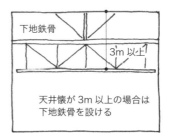

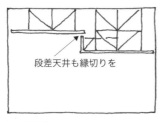

図　安全な天井に

表1　特定天井とは

①吊り天井であること
②居室、廊下その他の人が日常立ち入る場所に設けられるもの
③高さが 6m を超える天井の部分で、その水平投影面積が 200m² を超える
　ものを含むもの
④天井面構成部材等の平米当たりの単位面積質量が 20kg/m² を超えるもの

表2　特定天井の仕様ルート

①天井面の単位面積質量は 20kg/m² 以下とする。
②天井材はねじ、ボルト等により相互に緊結する。
③支持構造部は十分な剛性及び強度を有し、構造耐力上主要な部分に緊結す
　る。
④吊り材は JIS 規格の吊りボルト等を用いる。
⑤吊り材、斜め部材は埋込インサート、ボルト等により構造耐力上主要な部
　分等に緊結する
⑥吊り材は 1 本/m² 以上を釣合い良く配置する。
⑦天井面に段差等を設けない。
⑧吊り長さは 3m 以下でおおむね均一とする。
⑨斜め部材は V 字状に必要組数を釣合い良く配置する。
⑩壁等との間に 6cm 以上の隙間を設ける。
⑪屋外に面する天井は風圧等により脱落しないように取り付ける。

▶地震により間仕切壁と天井の取合い部分で天井や間仕切壁が損傷した。また、間仕切壁のコーナー部でも損傷するなどの被害が発生した。

1.　天井が壁に衝突し壁が曲がった

　床スラブと上階スラブ下で支持された軽鉄間仕切壁の片側は天井仕上げがない部屋、もう一方は天井仕上げがある部屋であった。天井面は斜材によって補強されていたので、地震時には上階スラブとほぼ同じ動きをしたが、軽鉄間仕切壁は層間変位により斜めになった。天井と壁の間には隙間がなかったので、地震の揺れの度に天井が壁に衝突し、壁が腰折れしたように損傷した。対策は天井と壁の間に層間変位分の隙間を確保することである。また、国交省告示 771 号（平成 25）特定天井で、「隙間なし天井」が追加された。隙間なしでは、天井と建物の変形差が生じないように、天井内に斜め部材は設けないで、天井と建物（壁）との衝突を考慮して地震力を最大 3G とすることなどが規定されている（図 1）。

2.　上階スラブの支持部や天井面での支持部が外れた

　床スラブと上階スラブ下または天井面に支持された軽鉄間仕切壁が地震力によって、上部の支持部の一部が外れ、傾いた（図 2）。上部ランナーの固定強度不足や、スタッドのランナーへの掛かり代不足、スタッドの面外耐力の不足やボードの割れなどが原因と考えられる。対策は上部取り付け部の強度確保、スタッドの強度確保と掛かり代の確保、天井面での取り付け部の強度確保及び天井の水平変位防止のための斜材での補強が必要である（図 2）。

3.　軽鉄間仕切壁のコーナー部はスリットを設ける

　軽鉄間仕切壁の直交部が損傷した。軽鉄間仕切壁の下部と上部の支持部分はランナーとスタッドは固定していないため、スライドする。地震時には面内方向にスライドするときは変形をほとんどしないが、面外方向には変位に追従する。そのため軽鉄間仕切壁のコーナー部では衝突が起きる。対策は層間変位分のスリットを設けるのが最良であるが、現実的には中小の地震に対

応できるよう 10mm 程度のスリットを設け、シールするとよい。遮音や耐火間仕切りの場合は、ロックウール充填など、要求性能は確保する（図3）。

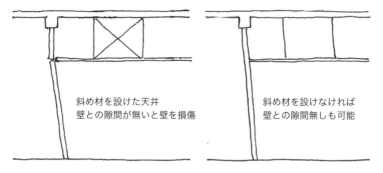

斜め材を設けた天井
壁との隙間が無いと壁を損傷

斜め材を設けなければ
壁との隙間無しも可能

図1　天井が壁と衝突した

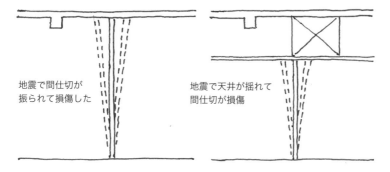

地震で間仕切が
振られて損傷した

地震で天井が揺れて
間仕切りが損傷

図2　間仕切りの頂部が外れた

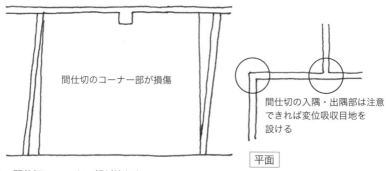

間仕切りのコーナー部が損傷

間仕切りの入隅・出隅部は注意
できれば変位吸収目地を
設ける

平面

図3　間仕切りのコーナー部が壊れた

▶激しい地震で、S造建物の外壁カーテンウォール（CW）のプレキャストパネル（PCa版）がずれた。PCa版は落下には至らなかったが、よく見ると取付け金物が破断していた。

1. 非構造部材は慣性力と強制変形を考慮する

　S造の外壁CWのPCa版は、デザインの自由性や耐久性、耐火性、メンテナンス性、遮音性などがよいので多用されている。しかし重量が重いので耐震性が重要で、中地震の変位（1/300）にはスムーズに追従し、水密性などを保持できること、大地震時の変位（1/100）には脱落や損傷がないことが要求されている。PCa版と躯体との取付け金物（ファスナー）は、PCa版の自重をしっかり支持する慣性力に加えて、地震時の層間変位に対しては強制変形を考慮してスライド方式やロッキング方式などで追従するようにする。

2. ファスナー部は慣性力に余裕を持たせて設計する

　金属系CWは軽量なため、耐風圧に対する強度があればよく、地震の慣性力に対する検討を必要としないことが多い。コンクリート系のPCa版では重量が大きいので接合部を慣性力に対して安全なように設計する。ファスナーはアングル、チャンネルやH鋼などの開断面形状が用いられることが多い。開断面の部材はボックスやパイプなどの閉断面部材に比べねじれやすく、たわみも大きいので、その部材にかかる応力の大きさと作用する位置によって十分余裕のある設計が必要である。

3. 層間変位の対応には、スライド方式とロッキング方式がある

　スライド方式は変位をそのまま上下階の変位として吸収し、ロッキング方式は変位に対しパネルを回転させて吸収する。スライド方式では、PCa版と鉄骨梁を結合するファスナーに横方向のルーズホールを設け、ロッキングでは、縦方向のルーズホールを設ける。できれば大地震時の変位以上の変位にも対応できるようにすることが望ましい。

4. ファスナー部には浮上り後の接地時に衝撃的な力が繰り返し働く

　可動部のファスナーは、変位に追随するとき摩擦力などの作用によって静的な荷重が増幅される。また地震の繰返しにより衝撃的な力も作用する。許容変位を超える変位が起きれば、ファスナーには致命的な力が働くことになるので、安全性には十分な余裕を与えることが必要である。

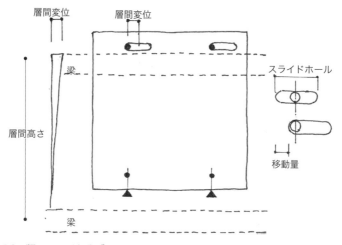

図1　PCa版のスライド方式

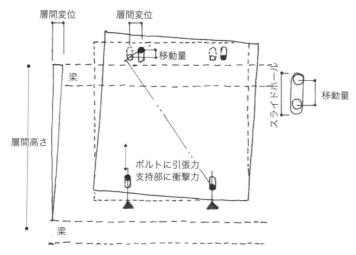

図2　PCa版のロッキング方式

▶屋上から突出した鉄筋コンクリート製の煙突が地震で倒れた。また、鋼製の
煙突が強い季節風で倒れた。

1. RC製の煙突は地震が、鋼製煙突は風が支配的な外力となる

地震による鉄筋コンクリート煙突の被害は多く、温度や排ガスによるコン
クリート劣化や過去の耐震規定による地震力の過小評価などが原因である。
鋼製煙突の被害は、台風よりも季節風によるものが多い。

2. 屋上突出煙突では建物との共振に注意する

煙突には自立型と屋上突出型がある。屋上突出型の煙突では、建物と煙突
の固有周期が近いと共振して、煙突に大きな揺れが生じるので注意する。煙
突の周期が建物の周期の 0.5 倍から 1.5 倍の範囲にある場合は、地震応答解
析を行って、設計地震力を決めることが望ましい。

3. 中間部の破壊

煙突のような棒状の構造物の地震力は 1 次だけでなく、高次の影響も大
きい。そのため中間部分で耐力が決定されて、中間部が損傷することがある。

4. ライニングは煙突筒身の変形に追従できるものとする

これまでの地震被害をみると、鉄筋コンクリートの筒身は倒壊しなくても、
内部にライニングとして積み重ねられた耐火煉瓦が崩壊し、筒身下部に山積
みとなった例がある。煙突のライニングは煙突筒身の変形に追従させる仕様
にする。

5. 煙突の点検

煙突の点検調査は、RC 製の煙突ではコンクリート強度の測定（シュミッ
トハンマーテスト）、コンクリートアルカリ度の測定（アルカリテスト）、赤
外線センサーでの調査、コア採取（公共試験場での破壊試験）や目視調査等
がある。鋼板製の煙突では超音波板厚測定や目視調査等がある。

6. 煙突の補強方法

煙突の補強方法は、強度を増す、粘り強くする、質量を減らすことが基本

となる。例えば、解体撤去し内筒式補強等で重量を低減する、鉄骨フレームで補強する、塔屋と一体化するなどの方法がある（図）。

7. 外部階段やエレベーター棟などの突出物も注意

　集合住宅などの外部階段やエレベーター棟は、各階で本体建物と接続されていて、地震力を本体建物へ伝達させる設計がなされている。地震力の伝達と変形の抑制のためには、つなぎ部分のスラブや梁の設計が重要である。また、エレベーター棟では機械室などのためにトップヘヴィーで建物から大きく突出するので、急激に断面変化を起こさないようにする。

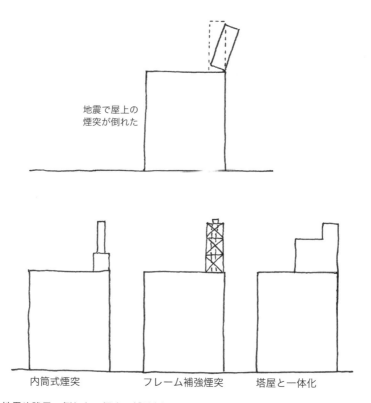

地震で屋上の
煙突が倒れた

内筒式煙突　　　　　フレーム補強煙突　　　　塔屋と一体化

図　地震や強風で倒れない煙突の補強例

▶重量の大きい蓄電池（1000×500×H2000：基礎を含めて約9800N/台）を6台まとめてスラブに直接設置した。全体で6tほどであった。仕上がった後から周辺の床スラブにひび割れが生じた。

1.　機械室の許容積載荷重は一般に 4900N/m²程度

　機械室の床スラブに上記の蓄電池を直接設置すると約9800N/台×6台＝58800Nの荷重で、m²当り 19600N になる。これは積載荷重の約4倍の荷重で、床がひび割れた。重量機器の設置を計画した段階で構造設計者と協議して対応をすることが必要である。

2.　重量設備機器は梁の上に置く

　重量設備機器は大梁の上に置くか、設備機器を受ける小梁を設けるのが原則である。大梁の上に機械を置いた場合、上部にも大梁があり、高さの点で厳しいかもしれない。設計段階であれば、あらかじめ機械の位置に合わせて床下にそれなりの積載荷重を見込んだ小梁を設けることができる。

3.　大梁に荷重を持たせるように鉄骨基礎を配置

　重量設備機器を大梁の上に設置できれば良いが、大梁の上に設置できないときは、大梁間に鉄骨基礎を渡し、その上に重量機器を設置し、重量設備機器の荷重を大梁で受けるようにする。重量機器が地震で転倒したり、横移動したりしないように鉄骨基礎への機器の取付けは、しっかり固定しなければならない。鉄骨基礎本体が地震に耐えることも確認する。

4.　機械の重量だけでなく振動も考慮

　重量設備機器はほとんどが振動する。設備機器の防振対策も併せて検討する。防振対策は、設備機器側の据え付け方法で対策をするのが一般的である。

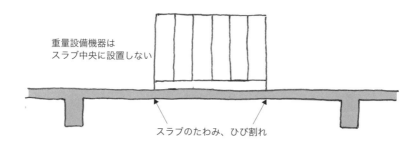

重量設備機器は
スラブ中央に設置しない

スラブのたわみ、ひび割れ

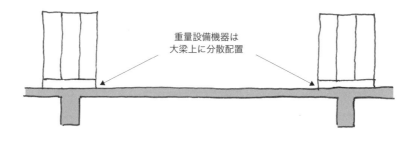

重量設備機器は
大梁上に分散配置

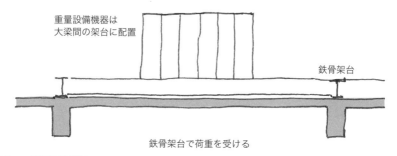

重量設備機器は
大梁間の架台に配置

鉄骨架台

鉄骨架台で荷重を受ける

図1　重量設備機器の配置

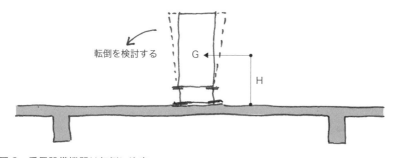

転倒を検討する

G

H

図2　重量設備機器は転倒に注意

▶屋上に RC 造の基礎を立ち上げ、それに鉄骨架台を渡して設備機械を設置した。屋上の面積が狭かったので、RC 基礎とパラペット天端に鉄骨架台を渡して設備機械を設置した。鉄骨架台を固定した基礎部分やパラペット部分にひび割れが発生して漏水した。

1.　設備の機械架台は日射で熱伸縮を繰り返す

　屋上の雨水排水を妨げないように、RC の独立基礎を設けた。基礎は 300 ×300×高さ 600mm とし、アンカーボルトをセットした。その上に鉄骨架台（H–200×200×8×12）を設置し、アンカーボルトはすべて緩み止め仕様で固定した。また、パラペットを機械基礎に利用した部分も同様に固定した。機械基礎やパラペットにひび割れが生じた原因は、地震による鉄骨架台の揺れと鉄骨架台の熱伸縮の 2 点が考えられる（図）。

2.　機械基礎は頑丈に、鉄骨架台は地震と熱伸縮を考慮する

　大きな機械、重量のある機械を載せる機械基礎は、日射による熱伸縮や地震による水平力を考慮しなければならない。基礎の下部に梁が必要になることもあり、機械基礎単体だけでなく、機械の配置を含めて、設計の早い段階で構造設計者と協議することが大事である。また、鉄骨の機械架台の日射による熱伸縮に関しても、架台の片側を熱伸縮に対応できるスライド式にするなど、固定方法も考慮する必要がある。

3.　アンカーボルトは鉄筋で拘束固定する

　アンカーボルトは基礎配筋の内側に挿入するだけでなく、施工時に正しく配置して台直しが必要ないようにする。アンカーボルト廻りの止水シールも必要である。

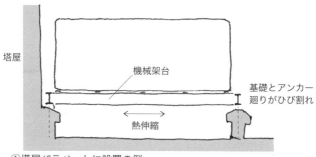

塔屋

機械架台

基礎とアンカー
廻りがひび割れ

熱伸縮

①塔屋パラペットに設置の例

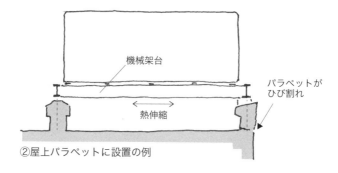

機械架台

パラペットが
ひび割れ

熱伸縮

②屋上パラペットに設置の例

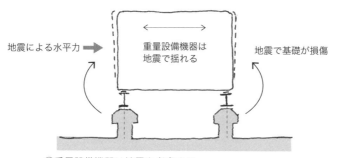

地震による水平力 ➡

重量設備機器は
地震で揺れる

地震で基礎が損傷

③重量設備機器は地震を考慮する

図　機械基礎と設備架台

098

あと施工アンカー固定の給湯器が転倒した 非構造

▶東日本大震災で住宅の屋外に設置した貯湯器（貯湯ユニット）の多くが転倒
した。足元を見ると貯湯器の底部を基礎と固定する金属拡張型のあと施工ア
ンカーがコーン状破壊をして抜けていた。

1. あと施工アンカーはなぜ抜けたのか

　地震で貯湯器に大きな水平力が働き、貯湯器と基礎を固定するあと施工ア
ンカーの引張耐力が不足していたのである。このような給湯設備の転倒防止
措置に関して、告示や技術的助言が出された。具体的には①仕様ルート：給
湯設備の固定部位、設置場所（設置階）、質量（満水時）に応じて告示に示
されたアンカーボルトの種類、本数により固定する、②計算ルート：構造計
算により安全上支障がないことを確認する、のいずれかのルートによる転倒
防止措置を施さなければならない（図1）。

- ・国交省告示第 1447 号（平成 24）「給湯設備の地震に対しての安全上支
障のない構造」
- ・国交省技術的助言（平成 25）「給湯設備の転倒防止に係る技術的基準の
改正について」

2. あと施工アンカーとは

　あと施工アンカーは主要構造部の構造部材としては認められておらず、耐
震補強工事など特殊な場合に限り認められている。あと施工アンカーには金
属系アンカーと接着系アンカーがある。一般的に金属系アンカーは軽微な用
途に使用され、接着系アンカーは耐震補強など大きな力が働く個所で使用さ
れる。あと施工アンカーに関する告示等は次の通り（図3）。

- ・各種合成構造設計に関する設計指針・同解説（2010）日本建築学会
- ・国交省告示第 1024 号（平成 13）「あと施工アンカーは大臣認定による」
- ・国交省告示 1388 号（平成 12）「建築設備の構造体力上安全な構造方法
を定める件」の改訂

3. あと施工アンカーを使用するとき

　アンカーはコンクリート打設時に先付けアンカーとするのが原則である。どうしてもあと施工アンカーを使用する場合は、次の項目に注意する。

　①構造設計者と打合せし、特記仕様書にあと施工アンカーの仕様を記載する。

　②打ち込む躯体のコンクリート強度、鉄筋位置を確認し、適切なアンカーを選択する。

　③コーン状破壊を想定し、ヘリ空きやアンカーピッチを守る。

　④鉄筋に当たった場合は位置を移動する。15度以下なら斜め打ちも可能。

　⑤所定の打ち込み深さを確認し、引張試験を実施する。

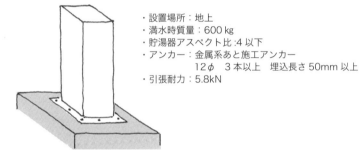

・設置場所：地上
・満水時質量：600 kg
・貯湯器アスペクト比:4 以下
・アンカー：金属系あと施工アンカー
　　　　　12φ　3 本以上　埋込長さ 50mm 以上
・引張耐力：5.8kN

図1　給湯設備機器下部固定の例

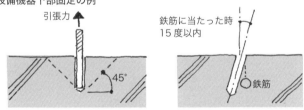

図2　あと施工アンカーのコーン状破壊と傾斜削孔

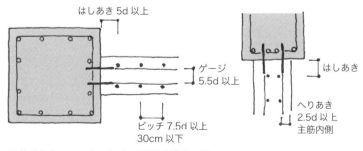

図3　接着系後施工アンカーによる耐震壁補強の例

099

地震でエレベーターのガイドレールが変形した 非構造

▶2011 年の東日本大震災において釣合いおもりの脱落やガイドレールが変形する事案が多く発生した。これを受けて、エレベーターの地震に対する構造耐力上の安全性を確かめる構造基準が定められた（国交省告示第 1047、1048 号）。

1.　ガイドレールの変形は建築にも原因がある

　地震による釣合いおもりの脱落の原因は、釣合いおもりと枠の固定方法や、おもり枠の耐力不足、及びガイドレール本体の変形等である。これらは工事区分としてはエレベーター工事の範疇であるが、ガイドレールを支持する部材とその固定部が変形したのであれば、建築工事側の要因となる。ガイドレールを支持する部分のピッチや取付け強度については、エレベーターのメーカーからの長期および短期の支点反力等の荷重条件に基づき、建築及び構造設計者が検討し、安全性を確認しなければならない。

2.　エレベーターに関連する建築工事

　エレベーターに関連する建築工事は次のとおりである。これらは昇降機の確認申請とも関連があり、エレベーターメーカーと連携して設計をしなければならない。

　　①エレベーターシャフト、ピット、トップクリアランスは有効寸法を確保する。

　　②シャフトでは梁の出っ張りは 125mm 以下とする。中間ビーム、ガイドレール支持用柱、ファスナープレートは建築工事。煙感知器の点検口も必要。

　　③ピットの床は、緩衝器や巻き上げ機、ガイドレールなどのエレベーターの負荷荷重に耐える十分な強度が必要。必要に応じて防水工事をする。

　　④頂部の荷重受け梁、荷揚げ用吊りフックの設置。

　　⑤乗場の敷居受け、出入口枠の下地の設置。

　　⑥機械室は必要スペースを確保し、出入口、換気設備、場合によっては冷房設備の設置。

3. 既存の建築物への遡及

　既存の建築物を増築、改築、大規模改修するとき、設置済のエレベーター
についても上記告示への法適用が必要である。

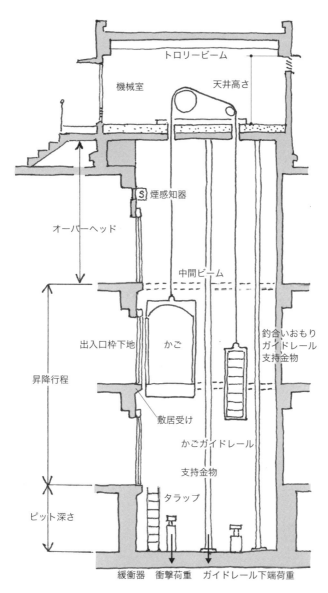

図　エレベーター工事における建築工事の例

▶ 2011 年の東日本大震災で商業施設のエスカレーター本体が脱落する事故が発生した。人が乗っていたら大惨事になるところだった。

1.　エスカレーターを支持する躯体は変位する

　地震時に建築物はその構造に応じて、層間変形角を生じる。エスカレーターのトラスを支持する下部の梁と上部の梁の間隔が層間変形角によって狭くなったり広がったりする。その間隔が狭くなるとエスカレータートラスが圧迫され、広がりすぎると脱落することになる。大規模地震が発生してもエスカレータートラスが圧縮力で破壊されず、かつ脱落しないことが大事である。構造設計者は層間変形角についてエスカレーターのメーカーと連携・協議して、脱落防止対策をしなければならない。脱落防止に関する構造方法は、国土交通省告示第 1046 号（平成 25）により規定されている。

2.　十分なかかり代を確保する

　エスカレーターのトラスは、一端固定支持とし他端を摺動（スライド）支持にするか、または両端非固定で摺動（スライド）するように支持する。支持部材のかかり代長さは、大規模地震を想定して建築物に生じる層間変位に対して十分確保することが求められている。十分なかかり代長さはエスカレーターの揚程の 1/40 ～ 1/24 が原則である。ただし、平成 28 年 8 月の法改正では、圧縮による 20mm 変形であれば元の長さに復元することが確かめられたため、かかり代長さが 20mm 緩和されている。

3.　十分なかかり代が取れないときは脱落防止措置を設ける

　上記のように十分なかかり代長さを確保できない場合は、層間変形角の 1/100 を確保し、エスカレーターの端部の支持部材が受梁から外れても落下しないように脱落防止措置を設ける。脱落防止措置は、上下支持部分に落下したトラスを受ける梁を設ける方法や中間梁を設ける方法などがある（図）。

4.　エスカレータートラスと梁との隙間が小さいとき

　エスカレータートラスの十分なかかり代は確保できているが、エスカレー

ターのトラスと受梁との間に十分な隙間がないとき、地震時にトラスが圧縮力を受ける。この場合には、トラスが圧縮されても落下に至る損傷を受けないことを実大実験で確認し、大臣認定を取得する必要がある。

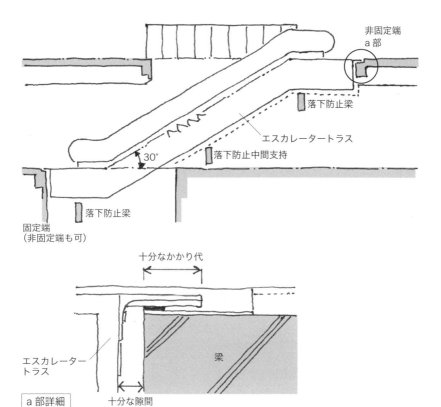

図　エスカレーターの落下対策の例

おわりに

　建築のものづくりとは、建築と構造の設計者の協業で「デザインと技術の融合（Design & Technology）」を誘発させて、建築主の想いを形にする行為である。Design は De と Sign に分解される。De は Out を表わし、Sign は Mark の意味なので、Design とは外に向かって何か証を残すこと、すなわち足跡を残すことと解することができる。人間は、この世に生まれたからには自分が存在したという証をこの世に留めたいという欲求がある。建築や構造の設計者は、足跡を残すことが仕事そのものなので、仕事を通じて基本的な欲求を満足させることができるという恵まれた職能である。デザインとは未来を思い描くことであるが、そのためには過去に蓄積されてきた知識を学ぶことが必要となる。学ぶことの醍醐味は感動することで、いままで分からなかったことが分かる、あるいは気付かなかったことに気付くことで人は感動する。

　論語に「学ぶこと」と「思うこと」を簡潔に対比した言葉がある。学びて思わざれば即ち罔し、思いて学ばざれば則ち殆し。学ぶこととは、学習して知識を得ること。思うこととは、思いを描いて創造すること。このどちらか一方だけでは危ないと言っている。建築設計者は知恵や感性で飛躍することが主たる領域であり、思うことでオリジナルな新しい価値を生み出す。しかし思いつきだけではものを創造することはできないので、それを裏付ける知識が必要である。その反対に、構造設計者は知識や理論で安全であることを検証することが主たる領域なので、知識としてひとつずつ積み重ねていくことが必要となる。従って学ぶことが大きなウェイトを占める仕事である。しかし知識を吸収することが目的ではなく、思うことすなわち創りたいものがあるから学ぶのである。先人の失敗や最新の知見を学ぶことは思うことを実現するための必要条件である。トラブルに対する予知能力をもつことは簡単ではないが、先人の失敗例に学び、トラブルに遭遇した時に、先人から伝授された対処法やそこから学んだノウハウをいかに応用するかが、トラブル予防のポイントとなる。

建築のものづくりは、建築主や設計や施工に携わる多くの人を動かしてデザインを実現することであるが、人は理屈では動かない。相手に分かったという感動を提供して共感を得ることで人は動く。そして「なるほど」「ガッテン」と腑に落ちて感動することが行動を起こす第一歩となる。協業のコツは相手を圧倒的に感動させることである。

　本書を手に取って読んだ、建築に関わる若手技術者が、建築と構造の接点における「トラブルに対する予知と予防」という発想で「ものづくり」の原点に立ち返るきっかけとなれば幸いである。

　本書の出版に際し、一般社団法人日本建築協会ならびに同出版委員会委員長西博康氏をはじめ、委員会の方々には多大なご支援、ご指導をいただきました。また、一般財団法人日本建築総合試験所・平沢隆志氏からも資料提供並びに貴重なご意見をいただきました。特に学芸出版社の岩﨑健一郎氏には出版に向け多くの提案をいただき、また校正に献身的なお力添えをいただきました。多くの方々のご支援を受け本書が刊行できましたことを、ここに深く感謝いたします。

著者紹介

仲本尚志 <small>(なかもと　たかし)</small>

1947 年生まれ。1970 年大阪工業大学建築学科卒業。同年株式会社竹中工務店入社、設計業務に従事。神戸大学大学院経営学研究科（社会人 MBA）科目履修。放送大学大学院文化科学研究科（文化科学専攻）修了。2012 年竹中工務店退社。atelier UNI-SUPPORT（主宰）。1989 年日本建築学会作品選集「P ＆ G 明石事業所ビル」。一般社団法人日本建築協会出版委員会委員。
著書：『建築工事の祭式』『建築品質トラブル予防のツボ』『図解一発で通す！確認申請』『図解建築と設備の接点・トラブル予防のツボ』（共著 / 学芸出版社）

馬渡勝昭 <small>(まわたり　かつあき)</small>

1947 年生まれ。1970 年武蔵工業大学建築学科卒業。同年株式会社竹中工務店入社、設計業務に従事。梅田スカイビル実施設計などを担当、2011 年竹中工務店退社。2009 ～ 2014 年京都女子大学非常勤講師、2012 ～ 2019 年 Atelier YOU（主宰）。
著書：『建築品質トラブル予防のツボ』『図解建築と設備の接点・トラブル予防のツボ』（共著 / 学芸出版社）

長瀬正 <small>(ながせ　ただし)</small>

一般財団法人日本建築総合試験所審議役。博士（工学）。1950 年生まれ。1975 年京都大学大学院工学研究科（建築学専攻）修了。同年株式会社竹中工務店入社、構造設計業務に従事。2014 年竹中工務店退社、同年 4 月より現職。1997 年第 8 回 JSCA 賞「シーホークホテル＆リゾートの構造設計」、2010 年日本建築学会賞（技術）「国宝唐招提寺金堂の保存修理における構造解析を中心とした科学的手法の展開」。
著書：『伝統的構法のための木造耐震設計法』（共著 / 学芸出版社）

図解 建築と構造の接点
トラブル予防のツボ100

2020年12月1日　第1版第1刷発行

企　　画………一般社団法人 日本建築協会
　　　　　　　〒540-6591 大阪市中央区大手前 1-7-31-1F-B
著　　者………仲本尚志・馬渡勝昭・長瀬正
発 行 者………前田裕資
発 行 所………株式会社 学芸出版社
　　　　　　　京都市下京区木津屋橋通西洞院東入
　　　　　　　〒600-8216　電話 075-343-0811
　　　　　　　http://www. gakugei-pub. jp/
　　　　　　　Email　info@gakugei-pub. jp
編集担当………岩﨑健一郎
Ｄ Ｔ Ｐ………株式会社フルハウス
印　　刷………イチダ写真製版
製　　本………山崎紙工
装　　丁………Iyo Yamaura

設計・監理・施工者のための　建築品質トラブル予防のツボ

仲本尚志・馬渡勝昭 著／日本建築協会 企画

A5 判・256 頁・本体 2800 円＋税

確かな品質の建築をつくるには、設計者・監理者・施工者の協力がかかせない。本書は、トラブル
の起こらない建物をつくるために三者が共通して知っておかなければならない建築工事の基本知識
とトラブル予防のポイントを「危険予知と予防」の観点からわかりやすく解説する。どこからでも
読める、若手～中堅技術者必携の手引き。

図解　建築と設備の接点　トラブル予防のツボ

仲本尚志・馬渡勝昭・赤澤正治 著／日本建築協会 企画

A5 判・232 頁・本体 2800 円＋税

騒音・振動・漏水・結露・臭気・メンテしにくい…。様々な問題につながりやすい建築と設備の「接点」
（取り合い）を建物のライフサイクル・建築の部位別に一覧し、トラブル予防の方法を設備別にイラ
ストで詳細に図解。ますます重要度を増し、高度化・複雑化する設備との「融合」を目指す建築設計・
施工管理技術者必携の一冊。

直感で理解する！構造設計の基本

山浦晋弘 著／日本建築協会 企画

A5 判・216 頁・本体 2400 円＋税

著者の実務家，教員としての豊富な経験をもとに，設計者としての心得から構造計画、設計、施工
に至るまで、実務で押さえておくべき項目や設計上の盲点（落とし穴）を、難しい数式を用いず、
手描きのイラストや写真、図表と平易な文章で直感的に理解できるよう解説。構造設計の基本的な
考え方と設計のセンスが身につく一冊。

学 芸 出 版 社　　Gakugei Shuppansha

📄 図書目録
📄 セミナー情報
📄 電子書籍
📄 おすすめの 1 冊
📄 メルマガ申込
　（新刊 & イベント案内）
📄 Twitter
📄 Facebook

建築・まちづくり・
コミュニティデザインの
ポータルサイト

WEB GAKUGEI
www.gakugei-pub.jp/